LE SYSTÈME

DE LA

PHILOSOPHIE

PAR

R. KARL CHRISTIAN FRIEDRICH KRAUSE.

LA THÉORIE DE LA SCIENCE.

TOME II.

OUVRAGE TRADUIT DE L'ALLEMAND

PAR

LUCIEN BUYS.

WEIMAR.

EMIL FELBER.

1895.

LE SYSTÈME

DE LA

PHILOSOPHIE

PAR

KARL CHRISTIAN FRIEDRICH KRAUSE.

LA THÉORIE DE LA SCIENCE.

TOME II.

OUVRAGE TRADUIT DE L'ALLEMAND

PAR

LUCIEN BUYS.

WEIMAR.
EMIL FELBER.
1895.

Ouvrages du traducteur:

La science de la quantité, précédée d'une étude analytique sur les objets fondamentaux de la science, par Lucien Buys, capitaine du génie, répétiteur à l'École militaire de Belgique. Bruxelles, C. Muquardt, 1880.

Géométrie. La science de l'espace, par Lucien Buys, capitaine du génie. Bruxelles, 1881.

Seconde partie fondamentale.

___

La synthèse.

___

L'organisme de la vision de l'Être. L'organisation absolue de la science.

___

Aucune dispute n'est possible entre esprits qui formeraient méthodiquement leur savoir dans la Science suprême. Si deux hommes de bonne foi et libres de préjugés entrent en dispute, c'est que l'un ou l'autre, ou tous deux, ne voient pas l'essence et la forme que la Science des principes éternels assigne à l'objet du débat ou ignorent ce qu'il est et comment il se trouve constitué dans l'Être (Krause, Anfangsgründe der Erkenntnisslehre).

Introduction.

Le rapport de la première et de la seconde partie fondamentale de la science.

———

1. Après avoir résolu, en ses points principaux, le problème de l'analyse, reconnu le Principe et initié la conscience dans la notion déductive et la structure de la science (I, 354 et ss.), j'aborde l'exposé de la seconde partie fondamentale du savoir humain: le développement organique de la connaissance de l'Être ou de Dieu. Cette partie apparaît seconde, non pour la science considérée absolument et objectivement, mais pour l'esprit fini, en tant que cet esprit, distrait par le sensible, ouvert surtout aux impressions des sens, doit, dans la première époque de ses recherches, se ressaisir, se reconnaître et se réélever ensuite à la notion déterminée de Dieu (I, 17). Envisagé objectivement, le contenu de cette partie, ainsi nommée seconde au point de vue subjectif du procédé de la pensée humaine, constitue la science entière; car l'*Être* est l'objet un à déterminer, et tous les matériaux que la pensée a pu amasser au cours de l'analyse seront rassemblés dans la science de l'Être, selon sa loi organique; de plus, même pour l'esprit limité, la division de son savoir en analytique et synthétique — conséquence de l'obscurcissement passager de la vue de son moi et de Dieu — cesse d'être tranchée, lorsqu'il atteint à la conception du Principe et recueille méthodiquement en cette dernière, comme vérités certaines, les données acquises au début par la seule observation de soi (I, 18).

2. Toutefois l'opposition du procédé intuitif et du procédé déductif a aussi un fondement essentiel, éternel, im-

muable, dans l'individualité propre et indestructible de toutes
les choses finies, et, de ce chef, l'antithèse persiste, même
après que les résultats de l'analyse se trouvent accueillis
déjà dans la vision de l'Être, comme éléments subordonnés,
toujours susceptibles d'accroissement au sein de la science
synthétique (I, 264, note).

3. L'œuvre à entreprendre maintenant peut s'appeler
l'organisme, le *système de la science* ou la *science absolue
organique*. *Absolue*, puisque la vision de l'Être, la vue de Dieu,
est une, sans conditions, antérieure et supérieure à toute antithèse, à l'opposition de l'unité et de la multiplicité, de la simplicité et de la diversité, de l'infini et du fini, de l'absolu et
du relatif, du connaissant et du connu, du sujet et de l'objet*):
Dieu ou l'Être, en effet, est l'objet un à connaître, et l'esprit
pensant se discerne aussi comme existant et pensant *en, sous*
et *par* l'Être, se voit sujet dans l'objet (I, 200 et ss.). *Organique*, puisque l'ensemble des choses distinctes, des choses
déterminées et finies à quelque égard, se conçoit comme
existant *dans, avec* et *par* l'Être, conformément à son essence;
ou, plus rigoureusement, que l'Être est cet ensemble *en, avec*
et *par* soi.

La science analytique, à la vérité, revêt aussi le caractère de l'organisation, mais seulement d'une manière partielle, à un point de vue restreint; elle se transforme en
savoir absolu organique aussitôt que la vision de Dieu éclaire
l'esprit et projette sur elle sa lumière.

---

*) Il n'y a, selon *Augustin*, que Dieu que nous voyions d'une vue
immédiate et directe; il n'y a que lui qui puisse éclairer l'esprit
par sa propre substance; c'est notre seul maître qui préside à
notre esprit, sans l'entremise d'aucune essence: *Humanis menti-
bus nulla interposita natura praesidet (Aug.* lib. de vera religione,
c. 55). Ce qui veut dire, scientifiquement, que l'Être, ses catégories et leurs rapports sont les vérités éternelles et immuables,
qui, à cause de leur immutabilité, sont les lois, les règles et les
mesures de toutes les autres. Ou, en d'autres termes encore, il
n'y a que les seules *idées*, absolues, générales et éternelles dont
l'intelligence puisse connaître infailliblement les rapports par elle-
même, sans l'usage des sens, et qui seules nous enseignent le mode
et la légitimité de l'usage de nos facultés sensibles (V. *Krause*,
Anfangsgründe der Erkenntnisslehre).

4. La science de Dieu, où chaque objet fini est saisi comme vision partielle et émanation de l'Être, peut encore s'appeler *synthétique déductive*. *Synthétique*, dans le sens attribué à ce mot par les philosophes et les mathématiciens de la Grèce, pour désigner la méthode suivant laquelle on réunit toutes les vérités sous un principe général, on reconnaît les objets particuliers comme posés l'un avec l'autre dans et par l'unité du tout. *Déductive*, dans l'acception que nous avons donnée à ce terme (I, 327, 328) et d'après laquelle *déduire* signifie: partir du Principe général pour en dérouler tous les éléments, apercevoir les objets finis à quelque point de vue, selon leur essence entière, tels qu'ils sont contenus, fondés et déterminés dans et par le Principe, comme objets de visions partielles dans la vision entière de l'Être.*)

Bien entendu, en nous servant de ces locutions, nous ne disons point que la science constituée dans la vision de Dieu soit uniquement synthétique et déductive, car elle embrasse aussi l'intuition et la construction (I, 338 et ss., 342 et ss.); mais nous entendons désigner ce par quoi la science même, complètement organisée, se distingue du savoir purement

---

*) Si l'on donne au terme *analytique* le sens que *Kant* y attache, toute la construction de la science est un travail analytique au cours duquel se forme chaque *synthèse*, comme ce philosophe l'entend. Alors le seul procédé analytique est aussi le seul procédé synthétique, en tant que toutes les choses sont reconnues comme posées et existantes l'une dans, avec et par l'autre, dans, avec et par l'Être (σὺν Θεῷ). Ainsi la science est „ὁλοσυνθετική μονοσυνθετική, πανσυνθετική".

Déduire et démontrer, c'est voir et montrer le rapport essentiel, effectif de toute vue interne partielle avec la vue entière de l'Être, la vision une; c'est montrer l'accord d'une chose avec les autres choses et leur ensemble. Il est, dès lors, essentiel que toute vue interne particulière soit démontrée; en d'autres termes, la démonstration adhère à l'essence de la vision partielle, car c'est par la déduction que l'on reconnaît comment la vision partielle existe et se comporte dans la vision de l'Être. Il ne suffit point, toutefois, de reconnaître le rapport de la vue interne partielle avec la vision de l'Être, comme telle: il importe aussi de noter et de démontrer le rapport de chaque vue particulière avec chaque autre, leur relation et leur union mutuelles, selon lesquelles elles se conditionnent réciproquement (*Krause*, Anfangsgründe der Erkenntnisslehre, S. 170).

1*

analytique ou expérimental, qui n'est pas déductif synthétique mais, au contraire, *éductif analytique* *), c'est-à-dire qui progresse et s'élève par là seule observation des choses, en examinant séparément toutes les parties (I, 31, 329).

La science à édifier dans la vision de l'Être ne procède point suivant une direction spéciale et unique de la pensée et de l'investigation; elle n'envisage non plus l'objet sous une seule face — la vision de l'Être est sans faces, puisqu'elle enveloppe toute l'essence — mais l'intelligence y saisit la direction une, propre et entière et en prend alors tous les sens, les sens du haut vers le bas et du bas vers le haut, les sens latéraux horizontaux et les sens latéraux obliques, ascendants et descendants, et réunit par ces voies diverses les éléments épars de la construction organique complète du savoir. **)

---

*) *Éductif*, où *e* signifie du dedans au dehors, de bas en haut, du point de départ en avant, comme dans *educare, extollere*, etc.

**) La source générale de nos erreurs, c'est que, lorsque nous considérons un objet, nous ne l'envisageons ordinairement que par un côté; et nous ne nous contentons pas de juger du côté que nous avons considéré, mais nous jugeons de l'objet tout entier. Ainsi il arrive que nous nous trompons parce que, bien que la chose soit vraie du côté que nous l'avons examinée, elle se trouve ordinairement fausse de l'autre. Or, nous ne devons juger absolument des choses, comme notre esprit le fait par la nécessité de sa nature — car le doute et l'erreur mêmes s'affirment sous une forme absolue — qu'après avoir réuni les éléments effectifs absolus de leurs notions, lesquels sont les catégories de l'Être aperçues absolument dans l'intelligence (V. *Krause*, Anfangsgründe der Erkenntnisslehre, S. 160 ff.).

„Et ainsi", comme le dit *Malebranche*, „si les hommes, dans l'état même de limitation où ils sont, faisaient toujours bon usage de leur liberté, ils ne se tromperaient jamais. Et c'est pour cela que tout homme qui tombe dans l'erreur est blâmé et mérite même d'être puni; car il suffit pour ne se point tromper de ne juger que de ce qu'on voit et de ne faire jamais des jugements entiers que des choses que l'on est assuré d'avoir examinées dans toutes leurs parties, de s'assujettir à la règle de la vérité et de ne pas vouloir décider sans peine et sans examen."

„Ce n'est pas un défaut à un esprit borné que de ne pas savoir certaines choses, c'est seulement un défaut d'en juger. L'ignorance est inhérente à l'intelligence humaine, mais celle-ci peut et doit

5. L'analyse poursuit, en Dieu, sa route vers Dieu et conduit l'homme de son moi et de l'univers à Dieu. La possibilité de s'élever ainsi jusqu'à Dieu repose sur le fait que cette route se trouve tracée *en* Dieu et *par* Dieu, éternellement et temporellement. Et, pour la même raison, le chemin peut et doit, dans la synthèse, se parcourir en sens inverse, en descendant de Dieu à l'univers et au moi.

Durant son ascension et son initiation à la connaissance de Dieu, chaque intelligence finie *se voit*, et la vérité de cette partie de son savoir réside dans l'accord de la vision de soi avec la vue que Dieu même a des esprits finis et, en particulier, de *cette* intelligence; par contre, durant le développement déductif de la notion de l'Être, l'intelligence finie *regarde Dieu*, et la vérité de ce champ de sa science consiste dans l'accord de sa vision de Dieu avec la vue que Dieu même a de soi; enfin, l'esprit limité considère aussi sa vraie vision de soi comme partie inhérente et subséquente de sa vraie vision de l'Être, et toutes deux comme parties intrinsèques de la vue propre que l'Être a de soi-même.*)

éviter l'erreur. Aussi ne condamne-t-on pas dans les hommes l'ignorance de beaucoup de choses, mais seulement les jugements téméraires qu'ils en portent." *(Note du traducteur.)*

*) „Sache", dit *Malebranche*, „que tu n'es que ténèbres, que tu ne peux te connaître clairement en te considérant, et que jusqu'à ce que tu te voies dans ton idée ou dans celui qui te renferme, toi et tous les êtres, d'une manière intelligible, tu seras inintelligible à toi-même" (Méditations chrétiennes, I, 28). *(Note du traducteur.)*

Première partie.

La connaissance de Dieu considéré comme l'Être un, propre et entier et l'organisme un des êtres. *)

Avant-propos.

6. Le présent livre se borne à cette première partie de la science synthétique, absolue et organique, dans laquelle la conscience s'attache à la vision de Dieu comme l'un seul et même être entier et comme l'Être qui est en soi l'organisme un des êtres.

En tant que la pensée y reconnaît sans lacunes les membres internes de cet organisme, cette partie embrasse l'ensemble du savoir. Toutefois, comme chacun des membres, à son tour, se trouve dans son intérieur un objet d'investigation perpétuelle, nous devons forcément nous restreindre ici à l'exposé des principes des sciences subordonnées les plus élevées, dont le développement fournit à l'intelligence humaine la matière ultérieure de la constitution interne du système de la science. Bref, cette première partie contient virtuellement, *en puissance*, mais pas encore actuellement, *en fait*, tout le savoir humain, et l'intelligence s'y rend compte, dans leur ordre véritable et parfait, des principaux problèmes subséquents de ses prochaines recherches.

7. Au cours du mouvement scientifique en Europe, cette partie de l'ensemble de la science a été pressentie, comme primordiale, du temps de *Platon* et d'*Aristote* déjà, et quali-

---

*) La Métaphysique générale.

fiée, pour ce motif, de *Science première* ou *Philosophie pre-mière* (φιλοσοφία πρώτη), parce que, à son défaut, la con-struction réellement systématique de chaque branche du sa-voir et, en particulier, de chaque branche de la philosophie, demeure impossible. Plus tard, des considérations historiques purement accidentelles ont fait adopter le nom de *Métaphy-sique.**) Au siècle dernier, des philosophes allemands pro-

---

*) *Tὰ μεταφνσιxὰ*, locution tirée de ce qu'*Aristote*, venant à son traité de *métaphysique* qui est placé après les traités de physique, le commence par ces mots: μετὰ τὰ φνσιxὰ, après les choses naturelles. „Cette *science générale*", dit *Malebranche*, „a droit sur toutes les autres. Elle en peut tirer des exemples, et un petit détail nécessaire pour rendre sensibles ses principes généraux: car, par la métaphysique, je n'entends pas ces considérations abstraites de quelques propriétés imaginaires dont le principal usage est de fournir à ceux qui veulent disputer de quoi disputer sans fin; j'entends par cette science les vérités générales qui peuvent servir de principes aux sciences particulières" (6° Entretien sur la mé-taphysique, II).

Sans le criterium de la *science des principes* ou *science fonda-mentale*, dont la légitimité est établie dans la vision indémontrable et incontestable de l'Être (I, 199), il est impossible de savoir et il n'est point permis d'affirmer que les connaissances acquises par l'observation sont exactes, complètes et parfaites. Certes, l'intelli-gence sait, même sans la vision fondamentale, reconnaître plus ou moins de choses avec précision; mais, à son défaut, le bon sens exige que l'on s'en tienne à l'assertion que les choses observées ont été trouvées telles, et rien de plus. Par l'expérience et l'ob-servation nous pouvons avoir des *convictions intimes*; mais il serait prématuré et inexact de décider que les choses ne peuvent jamais être autres que nous ne les avons observées. La plupart s'en disent cependant *convaincus*, et, nonobstant, ils ne sauraient, de ce point de vue, en découvrir le *fondement*; or, tant que la vue du fondement nous manque, la rigueur scientifique nous défend de considérer comme la vérité la simple conviction subjective. — Toutes les confessions passées et présentes, par exemple, n'ont-elles pas des convictions différentes et contradictoires, et chacune en pré-tend-elle moins posséder et conserver la seule et vraie foi? — Nous ne pouvons trouver ce fondement que dans un objet supérieur, qui doit se rapporter à nos convictions comme l'entier à la partie, comme la cause à l'effet; [et cet objet suprême est l'Être dont nous déduisons les catégories dans la science fondamental, la Mé-taphysique scientifique. (V. *Krause*, Anfangsgründe der Erkennt-nisslehre, S. 10 ff.)

posèrent les dénominations plus correctes de *Science suprême* (Urwissenschaft), *Science fondamentale* (Grundwissenschaft), *Science des principes,* dont la dernière semble la mieux appropriée à l'objet.

Depuis *Platon* et *Aristote* des tentatives pour constituer cette première partie de l'organisme scientifique, de natures très diverses, ont été faites en grand nombre, mais cet immense effort devait nécessairement avorter par la seule raison déjà que *l'analyse* (T. I) restait défectueuse. Cependant, comme le pressentiment de Dieu et de l'univers, le pressentiment de la Nature, de l'Esprit et de l'Humanité surgissent dans tout esprit qui médite, les travaux divers sur la *Science des principes* s'accordent quant à l'objet. En effet, dès avant *Kant*, on enseignait que la *Métaphysique* comprend la *Théologie*, la *Cosmologie* et la *Cosmo-théologie*; or, la Théologie et la Cosmologie présupposent l'*Ontologie* générale ou la théorie de l'être et de l'existence même, dans toute sa généralité. Mais, en cette matière, on confondait la pensée généralisée et abstraite de la *chose* (ὄντος) ou de l'être, la notion commune *quelque chose*, avec la vision de l'Être, la vue de Dieu, et l'on mettait les *pensées premières* en lieu et place de la pensée de l'Être ou de Dieu, bien que *Platon* et *Aristote* eussent entrevu déjà que l'*Être un* est précisément *celui qui existe* réellement ou effectivement (ὄντως ὄν). Dans la *Cosmologie*, on distinguait ensuite la théorie de l'esprit, qu'on nommait *Pneumatologie* ou mieux *Psychologie*, la théorie de la nature ou *Physiologie*, dans le sens le plus étendu, et plus tard encore l'*Anthropologie*.

Notre exposé de l'organisme de la science comprendra la connaissance fondamentale de tous ces objets, obtenue dans la vision de l'Être, en sorte cependant que cet exposé constitue lui-même la *Science une*, la *Science une de l'Être, de Dieu* ou la *Théologie*, qu'ensuite l'Esprit, la Nature et leur être harmonique, qui renferme l'Humanité, soient discernés comme existants dans, sous et par Dieu, ou plutôt que l'Être soit reconnu comme existant en, sous et par soi, Esprit, Nature et Humanité. En un mot, nous achèverons organiquement ici l'ébauche de la Métaphysique, sur laquelle, depuis *Platon* et *Aristote*, l'esprit chercheur voit flotter sa pensée.

La vision de l'Etre ou de Dieu. — La connaissance du Principe.

8. C'est par la *vision de l'Être*, par la *connaissance fon-damentale du Principe* que débute la science absolue orga-nique; car, de même qu'elle est la notion une, entière et universelle*), cette connaissance est aussi la première en rang pour le savoir humain parvenu à ce point culminant.

La vision de l'Être, comme la vision ou la vue première, ne saurait s'exprimer que par les substantifs propres: *Être*, *Dieu*, et non sous la forme de quelque jugement ou propo-sition, puisque, au contraire, chaque jugement ou proposition, énonçant un rapport particulier de l'Être, ne peut se conce-voir que comme adhérent ou inhérent à ou dans cette vision. L'exclamation: *Être! Dieu!* est, pour la parole, la seule énonciation adéquate du Principe, l'aveu du savoir un, propre et entier, absolument certain, de la vérité une et entière. Elle désigne la *vision propre absolue*, sans aucune restriction, sans aucune spécification accessoire, sans considération ni d'essence suprême, ni d'essence supra-sensible, générale et éternelle, ni d'essence sensible, individuelle et temporelle; car ce n'est qu'en et sous elle que se présentent ces dis-tinctions. Elle n'est point essentiellement, bien loin de n'être qu'une notion, un concept; car la notion n'embrasse que la vue du général et de l'éternel; elle n'est pas non plus une représentation ou intuition sensible, puisque le sensible ne comprend que le temporel complètement fixé.

A la vérité, le terme *être* indique l'attribut absolu de tout ce qui existe, d'une façon quelconque, mais il ne marque pas uniquement l'universalité des choses: c'est avant tout le

---

*) „On ne voit la vérité", dit *Malebranche*, „que lorsque l'on voit les choses comme elles sont, et on ne les voit jamais comme elles sont, si on ne les voit dans (sous et par) celui qui les renferme d'une manière intelligible". Cette unité du Principe est si univer-sellement avouée que les philosophes de toute opinion fondent sur elle leurs systèmes et croient pouvoir les développer d'après les attributs communs à toutes les choses. C'est elle que *Vico*, l'un des créateurs de la philosophie de l'histoire, entrevoit dans son axiome: „Les mêmes idées, nées parmi des peuples entiers in-connus entre eux, doivent avoir un motif commun de vérité". *(Note du traducteur.)*

nom de l'un seul et même Être entier, de Dieu. Si l'on
remplace le mot _attribut_ par l'appellation d'_Aristote: „catégorie“_, on peut dire: L'être est la _catégorie_ *) une.

La vision fondamentale: l'Être, peut aussi s'appeler un
axiome, au sens propre du grec ἀξίωμα, connaissance évidente de soi, de première vue, énonciation parfaite, qui n'est
susceptible et n'a nul besoin de démonstration, qui s'impose
par le fait même de sa présence dans la constitution de
l'esprit (I, 199); et bien que l'on désigne souvent sous le
nom d'axiomes des propositions particulières, qu'il est, à coup
sûr, possible et même nécessaire de déduire, de classer dans
la vision de l'Être, mais que les sciences spéciales acceptent
comme claires et intelligibles par elles-mêmes, comme _pre-
miers principes_, sans se croire astreintes à les établir et en
se contentant de la vue intuitive (I, 338 et ss.) de leurs
objets, dont l'évidence paraît simple et irréfragable.**) La
vision de l'Être est un axiome de la première espèce; elle
est la vérité fondamentale pure, certaine de soi, qui n'admet
et n'exige aucune déduction, à l'égard de laquelle l'antithèse
des procédés de la déduction, de l'intuition et de la construction (I, 333 et ss.) ne se comprend même pas. Mais, si
l'on désigne par axiome une proposition, un jugement clair
qu'on peut se dispenser de démontrer, la vision de l'Être
n'est plus un axiome, puisqu'elle n'implique point de jugement.

La vision de l'Être est encore le _théorème_ (θεώρημα) un,
au sens étymologique du mot, qui exprime _vision manifeste_,
présence claire, intime. Mais, si _théorème_ veut dire une thèse
de vérité spéculative, à établir dans son fondement, une proposition qui a besoin d'une démonstration pour devenir
évidente, la vision de l'Être n'est plus un théorème, car elle
est le fondement de tous les théorèmes de cette espèce.

Elle est le _postulat_ un et absolu, c'est-à-dire la condition
une fondamentale de la conception de la science; mais non
un postulat qu'on demande simplement d'accorder comme fait

---

*) Le chef général sous lequel nous rangeons toutes nos idées.

**) Les mathématiciens, en général, admettent de la sorte les notions
fondamentales de leurs théories, telles, par exemple, l'infinité de la
série des nombres, l'infinité de l'espace, etc.

reconnu, comme première base pour établir une démonstration discursive.

Enfin, elle est *l'hypothèse* une, si l'on donne à ce terme la signification de fondement (ὑπόθεσις), de principe évident ou de préconception exempte de doute, qu'y attachaient les philosophes et les géomètres grecs, qualifiant ainsi ce qui est *posé, positif*, préalablement à chaque connaissance spéciale, ce dont dérive chaque conséquence. Mais, si l'on entend par là une supposition provisoire, non démontrée, incertaine sous quelque rapport, qui même sera peut-être reconnue fausse dans la suite, ou bien une opinion conjecturale qu'on admet, sous réserve de vérification, pour parvenir à expliquer des phénomènes, la vision de Dieu n'est rien moins qu'une hypothèse.

9. Puisque la vision de l'Être s'impose à notre intelligence comme celle *à* et *dans* laquelle tient et se déroule toute la connaissance scientifique (I, 213 et ss., 354 et ss.), le problème immédiat qui s'y rattache, comme première *déduction partielle* (als die erste *Theilwesenschauung*)*), comme première vision ou vue particulière (I, 39 et ss.), est le suivant: Voir ce que l'Être est *à***) soi (*an sich*), à son unité.

---

*) Nous n'avons pas encore, il est vrai, reconnu les catégories de *partie* et de *particularité* comme inhérentes à l'essence de l'Être; mais la conception des attributs de l'entièreté et de la particularité, que nous avons rencontrée fatalement dans notre conscience au cours de l'analyse, nous autorise à appliquer, dès à présent, les dénominations: déduction *partielle*, vision *particulière*, à tout ce que nous distinguons à l'Être. D'ailleurs, ces dénominations, que le lecteur voudra bien nous accorder ici provisoirement, n'ont d'autre but que de rendre plus aisée l'intelligence de notre théorie.

**) La préposition *à* marque, d'après notre terminologie (I, 40), ce qui est, ce qui tient à l'objet entier que l'on envisage, à l'unité pure ou à la simplicité de son essence entière, tandis que la préposition *en* ou *dans* indique les parties de l'objet, la variété ou la diversité interne de son essence.

Chapitre premier.

**Première déduction partielle: Ce que l'Être est à soi.
L'Être considéré à son unité.**

Théorème I.

10. Qu'est l'Être à soi? Quels sont les attributs de son unité? Rapportant l'Être à l'Être, l'Être à soi, nous exprimons la conscience que nous avons du rapport propre de l'Être à lui-même: *L'Être est l'Être, Dieu est Dieu, Dieu est soi.* Dans cette proposition suprême, le verbe *est* ne désigne pas seulement l'existence (I, 275), comme l'on dit, mais la relation une, propre et entière, l'un seul et même rapport intégral; aussi peut-on l'exprimer avec plus de rigueur encore: *l'Être à l'Être,* où la préposition *à* marque le rapport entier, intégral: *Dieu à soi.**) La vue de ce rapport est le jugement un, entier, et peut s'appeler le *jugement de l'Être* (das Wesenurtheil), jugement suprême qui est le jugement *identique* un (I, 280; 281) de la science une et entière, celui dont l'unité enveloppe la variété des jugements *non-identiques;* tout comme, pour l'être fini, le jugement: *moi à moi, je à me* (I, 283), implique tous les jugements imaginables que l'on énonce dans la suite à l'égard du moi, au sujet de ce qu'il est à et en soi, de sa simplicité et de sa diversité. Par conséquent, ce que la notion de l'Être est à chaque notion, le jugement

------

*) Ainsi le rapport fondamental s'exprime: *L'Être à l'Être, Dieu à Dieu.* A et dans ce rapport subsiste chaque rapport, c'est-à-dire la relation de la propriété opposée des membres de l'Être selon une essence ou catégorie quelconque (V. le Ch. II). Or, puisque tout membre que l'on peut concevoir est à ou dans et sous l'Être et toute essence à ou dans et sous l'essence de l'Être; tout rapport à deux termes se présente sous la forme: *L'Être - comme - A* en relation à *l'Être - comme - B* d'après l'essence *l'Être - comme - C*; rapport dans lequel A, B et C peuvent se trouver identiques. La *théorie entière de la relation,* des rapports entre l'essence propre opposée des choses, n'est que le développement systématique de ce jugement fondamental, selon toutes les catégories de l'Être.

de l'Être l'est à chaque jugement: il contient tous les jugements que la science prononce, il est le principe de tous les
jugements, le *jugement-principe.*

Théorème II.

11. Jusqu'à présent nous n'avons encore spécifié en
rien la pensée l'*Être*, car, dans le jugement que l'on vient
d'énoncer, les deux termes désignent le même objet: l'Être.
Distinguons-nous maintenant quelque chose à l'Être?*) Nous
discernons d'abord *l'être* et *l'essence* (I, 165), nous *voyons* que
l'*Être est* ou *a essence.* Si *Dieu* a la même signification que
Être, divinité vaut *essence*, et la proposition: *l'Être est essence,*
revient à la suivante: *Dieu est divinité.*

Essence ne signifie pas *existence*, mais, en termes équivalents, *ce que l'Être est.* Je n'ai point la prétention de
donner par là une définition de l'essence, définition impossible,
puisque l'essence est précisément ce que l'on distingue en
premier lieu à l'Être. Dans l'analyse, nous avons remarqué que,
pour les êtres finis, l'essence n'épuise pas l'être — l'essence
actuelle de chaque moi fini, par exemple, n'est qu'une partie
de ce qu'il peut être — mais, pour l'Être, l'essence a même
extension que l'être, l'être et l'essence sont conçus entièrement l'un à l'autre (I, 207). Aussi désigne-t-on correctement
dans le langage Dieu lui-même par la *Divinité*, la *divine
essence.*

N'oublions pas non plus que l'essence tient à l'être et
non l'être à l'essence, c'est-à-dire que le rapport de l'essence

---

*) Pourquoi, m'objectera-t-on, posez-vous cette question? Pourquoi
entrez-vous dans des distinctions? Parce que l'analyse nous a
conduits à subordonner la variété, en général, à l'unité (1, 5) et, à
vrai dire, à l'unité de l'Être (I, 238), et que, par suite, le problème de la
science synthétique a pour objet de déterminer la variété des
choses comme adhérente à l'Être et impliquée dans l'Être. Il
faut se rappeler à ce propos que *distinguer* ne veut point dire
séparer, trancher, mais discerner qu'une chose a une existence
propre *(selbist)* à ou dans ou avec (à côté, sous) une autre. Il ne
faut non plus perdre de vue que la pensée de la distinction ne
se tire pas *de* l'unité d'essence, mais qu'elle est une idée immédiate, substantielle, fondée en fait par la diversité de l'Être
même (I, 10).

à l'Être est d'appartenir à l'Être, que ce rapport est *l'appartenance*, *l'appendance* (die Anheit).*)

Théorème III.

12. Que distinguons-nous à l'essence de l'Être? *Qu'est* l'essence de l'Être? Ici surgit la pensée absolue de *l'unité* de cette essence, catégorie qui ne saurait se définir, pas plus que l'essence même, puisqu'il n'y a rien de plus général à l'essence, et qu'il faudrait, pour l'expliquer, dire: l'unité, c'est ce que l'essence est.

De là les corollaires: *L'essence de l'Être est une; Dieu est unité; Dieu est un; Dieu est l'Un* (la Monade). Observons qu'il ne s'agit pas ici de l'unité au seul point de vue du nombre, de l'unité numérique (unitas numerica) ou formelle, mais de la simplicité, de l'unité de l'essence (unitas essentiae) ou essentielle, en vertu de laquelle l'essence est simple, indivisible, inséparable, homogène, rien qu'elle-même, à nul point de vue contraire à elle-même (I, 46, 165). Certes, nous rencontrerons plus tard l'unité de nombre comme adhérente aussi à l'unité d'essence, mais la proposition: l'Être est un, Dieu est un, ne renferme point, de prime abord, l'affirmation: Dieu est unique, n'est pas double, triple, quadruple, etc.; elle exprime seulement l'idée pure de l'unité de ce qu'il est, de son essence pure même. Dieu est un ne veut pas dire simplement: il n'est qu'un Dieu. En outre, l'unité qui nous occupe n'est pas une unité *composée* (eine Vereinheit), dans laquelle diverses espèces de choses substantielles se trouvent liées entre elles, mais l'unité de l'essence même, dont la pensée précède celles de l'entièreté, de la totalité et des parties, ainsi que de la composition des parties.

---

*) Cependant notre pensée possède aussi la faculté de saisir l'essence purement comme telle, absolument. La notion de *l'essence pure* est l'objet de la science pressentie sous le nom de *Mathesis*; la construction organique de cette notion donne le système des sciences *mathématiques*. Cette déduction de la Mathesis justifie son nom: „omnis enim accurata cognitio in omni genere rerum, quod Latinis doctrina significat, Mathesis dicebatur" (Leibnitius in ineditis; V. *Krause*, Philosophische Abhandlungen, 1889, S. 311, Anm. 1).

13. On peut élucider cette idée de l'unité pure de l'essence divine par la vue de l'unité de l'essence du moi, que chacun s'accorde; ou bien par la conception de l'unité de l'essence de l'espace, à propos de laquelle on ne songe pas encore à l'entièreté et à la réductibilité en parties, sous laquelle on considère simplement que l'espace est étendue et rien qu'étendue, que son essence consiste dans l'extension et en aucune autre chose (I, 47).

Théorème IV.

14. Nous sommes conduits naturellement à rechercher ce qu'on discerne à l'unité de l'essence de l'Être, comme telle, et nous trouvons que l'unité a deux aspects, qu'elle est à soi deux catégories: la *propriété* et *l'entièreté* (l'intégrité) unies, mais distinctes (I, 48, 49, 165), c'est-à-dire qu'à l'essence de l'Être, comme unité, se présentent tout ensemble, mais sans qu'on les confonde, la *propriété* et *l'entièreté*.

De là les jugements: *L'Être est propriété* (séité) ou *l'Être est le même (soi), a mêmeté;* puis: *L'Être est entièreté, l'Être est l'entier (le tout).* L'Être est *propre-être* et *tout-être,* il est en propre et en entier l'un qu'il est. On ne saurait, encore une fois, définir ces catégories en les rapportant à une catégorie supérieure, puisqu'elles adhèrent précisément à l'unité de l'essence, laquelle est à l'Être un lui-même; elles ne sauraient s'établir par l'intermédiaire de termes moyens, puisqu'elles existent au fondement un lui-même, c'est-à-dire à l'essence une de l'Être. Elles doivent donc être *vues*, sans condition ni entremise, comme adhérentes à leur fondement, et quiconque possède la vision de l'Être et y conçoit l'unité, il y découvre la propriété et l'entièreté.

15. Quelques remarques éclairciront notre thèse. En parlant ici de *propriété* (séité, Selbheit), je ne fais nullement allusion à une *relativité* ou à une *relation* quelconque: je ne pense pas que l'Être s'affirme soi *en opposition* à autre chose; je me persuade qu'il n'est rien que lui-même, ainsi que, en fini, le moi est proprement ce qu'il est, ainsi que la propriété de l'espace s'aperçoit sans faire appel au rapport de l'étendue avec les choses étrangères.

On emploie ordinairement le terme *substantialité* (perséité)

pour propriété, *substantiel* pour propre; toutefois, l'image de
la *substance* ou du soutien n'est pas adéquate, puisqu'elle
présuppose relation et entraîne finité, et, en outre, qu'elle
évoque plutôt l'idée de l'existence temporelle, de ce qui subsiste, continue d'être.

Par entièreté (Ganzheit), je n'entends point l'entièreté
composée ou *harmonique* (Vereinganzheit), d'un entier formé de
parties, mais l'entièreté même, saisie sur le fait, hors de
laquelle il n'est rien, l'intégrité qui ne laisse rien en dehors,
et au-dedans de laquelle on ne découvrira que plus tard des
parties.*)

16. Au lieu des locutions rigoureusement scientifiques:
Dieu est propre (proprius), Dieu est proprement soi-même,
et Dieu est entier (tout), on se sert communément des expressions négatives: Dieu est sans conditions, *Dieu est absolu*
(inconditionné), et Dieu est sans limites, *Dieu est infini.* Or,
ce dont on nie toute condition, c'est précisément la *propriété*
pure; être purement l'un propre (l'un même), c'est exister
sans relation externe, c'est *l'absoluité*; l'un propre, c'est
l'Absolu (l'Inconditionné). D'autre part, ce dont la finité est
absente, c'est l'entier un ou l'un entier; l'entièreté pure, c'est
l'infinité; l'un entier, c'est *l'infini***). La rigueur scientifique
commande de remplacer par les termes directs et affirmatifs
propriété et *entièreté* (Selbheit und Ganzheit), les mots indirects et négatifs *absoluité* et *infinité.* Alors les pro-

---

*) Comme l'essence a propriété et entièreté, elle sera aussi examinée
sous ces deux aspects dans la théorie de l'essence pure, dont le
développement constitue, à proprement parler, la *Mathesis* (10, note).

**) L'infini, dit-on vulgairement, n'est que le fini auquel nous ôtons
les termes et les bornes; ainsi l'idée de l'infini n'est qu'une idée
de privation et n'a point d'objet réel; elle serait formée, en quelque
sorte, de l'assemblage confus de toutes les idées des êtres particuliers. Or, en s'exprimant de la sorte, on perd de vue que, pour
discerner une chose comme finie, il faut comprendre qu'elle a des
limites, c'est-à-dire qu'elle est distincte d'autres choses qui ne
sont pas elle ou du restant des choses, qu'on lui dénie donc la
qualité d'être l'infinité ou l'entièreté des choses. D'où il appert
qu'en réalité le fini n'est que l'infini dans lequel nous posons des
termes et des bornes, qu'afin de concevoir un être fini, il faut nécessairement retrancher quelque chose de la notion générale de

positions: l'entièreté de l'Être est propre et la propriété de l'Être est entière, ou l'Être est proprement entier et entièrement propre, équivalent aux suivantes: l'infinité de Dieu est absolue et l'absoluité de Dieu est infinie, ou Dieu est absolument infini et Dieu est infiniment absolu (I, 199).

De ce point de vue, l'on pourrait dire: L'Être ou Dieu est l'*Absolu*, l'Être ou Dieu est l'*Infini*, Dieu est l'*Absolu* et l'*Infini*. Cependant, il est clair qu'on emploie à tort les dénominations incomplètes et unilatérales l'*Absolu* ou l'*Infini* pour l'*Être* ou *Dieu*, si on les prend dans leur sens restreint*); car ces dénominations dérivent des catégories de la propriété

---

l'être entier, laquelle, par conséquent, doit précéder; ainsi c'est l'idée du fini qui n'est qu'une idée de privation, bien qu'elle n'en ait pas moins un objet réel; ou, pour parler scientifiquement, la partie n'est que l'entier dans lequel nous concevons des termes et des bornes. Il est faux aussi de dire que l'infini est une grandeur sans limites, car l'infini n'est pas une grandeur; mais toutes les grandeurs sont à et dans lui: l'infini est le fondement de toutes les grandeurs, l'entièreté est le fondement de toutes les quantités.

D'après la définition usuelle, l'absolu est ce qui existe indépendamment de toute condition; l'absolu ne serait que le relatif privé de ses rapports et de ses conditions, et, dès lors, ne serait pas du ressort de nos connaissances. Or, encore une fois, pour comprendre une chose comme relative, il faut discerner qu'elle a une essence — qui lui est propre — et que cette essence est liée à l'essence des autres choses, qu'on lui refuse donc la qualité d'être l'absoluité des choses, l'être sans restriction. Le relatif n'est donc que l'absolu conçu comme imposant des rapports et des conditions dans son intérieur, et l'idée du relatif aussi n'est qu'une idée de privation, ou, en termes de science, la relativité n'est que la propriété à laquelle nous saisissons des conditions et des restrictions. Il est donc inexact d'affirmer que nous ne jugeons et ne pouvons juger des choses que par les rapports qu'elles ont entre elles, car il est évident, au contraire, que nous ne pouvons juger des rapports des choses que par la propriété, l'essence propre de ces choses. [V. *Krause*, Philosophische Abhandlungen (1889), XVI, Wissenschaftliche Begründung der Mathematik.]

*) L'absolu, au sens restreint du mot, c'est ce qui se trouve détaché, délié, séparé; mais, ce qui est séparé doit s'être trouvé auparavant réuni, pour se séparer ensuite. Or, de quelle chose l'Être se séparerait-il? Avec quel objet pourrait-il se trouver réuni? (*Krause,* Anfangsgründe der Erkenntnisslehre, S. 132.)

et de l'entièreté, qui, de plus, y sont exprimées par des termes indirects et négatifs.

17. Quelques remarques encore sur d'autres termes philosophiques qui se rapportent à la propriété et à l'entièreté. — Pour *propriété*, on dit aussi *identité*, *idem* signifiant le même (le propre); toutefois, *l'identité* ne rappelle pas communément la propriété pure, mais plutôt l'unité de l'essence en tant qu'elle a propriété ou selon sa propriété, la qualité qui fait que l'essence n'est qu'une dans toute sa propriété, c'est-à-dire l'égalité, la conformité de l'essence; et, à ce point de vue, on juge: *Dieu* ou *l'Absolu est l'Identité absolue.* — Puis, au lieu de l'expression *entièreté*, on se sert des mots *totalité*, *omnéité*, et l'on pense: *Dieu, l'Absolu* ou *l'Idée absolue est la Totalité absolue.* Cette appellation est incorrecte, car un *total*, dans le sens ordinaire, n'évoque point la pure idée de l'entier un, de l'intégrité, mais marque un *tout composé*, un assemblage de plusieurs, de diverses ou de toutes choses considérées comme un tout. Si la totalité, ou l'entièreté formée de la réunion de toutes les parties, est une catégorie de l'Être, que nous reconnaîtrons à la place qui lui appartient, elle n'est pas l'entièreté même, qui contient, en origine, *dans* et *sous* soi, toutes les particularités diverses*) et, entre autres catégories spéciales, celle de la totalité. Le terme *omnéité* vaut mieux, si l'on s'en rapporte à l'étymologie, puisque *omnis* rappelle l'entièreté pure; cependant il n'a pas la précision des mots *entièreté, entier* (integritas, integer, dont rien n'est séparé ni se sépare, à quoi il ne manque rien). — Enfin, il convient d'éclaircir le terme *substance*. *Substance* signifie être propre, être qui est à soi, qui existe par soi-même, à la différence de ce qui n'est qu'à ou dans un être. Par suite, il est licite d'appliquer cette qualification à Dieu, en tant qu'on conçoit Dieu selon son essence propre, et de professer, avec *Spinoza*, que Dieu est la *Substance absolue* ou la *Substance*, sans plus. Mais, comme l'unité d'essence n'est pas seulement la catégorie de la propriété, cette dénomination reste incomplète et particulière.

---

*) L'entièreté est le fondement de la diversité des parties et non la diversité des parties celui de l'entièreté.

Théorème V.

18. Revenons à l'examen de l'unité de l'essence divine. En distinguant la propriété et l'entièreté, nous différencions aussi l'unité même de ses deux aspects spéciaux, nous voyons que cette unité ne s'efface pas dans ses deux caractères opposés, qu'elle est supérieure aux deux faces sous lesquelles elle se présente: l'unité n'est point formée, en quelque sorte, par l'assemblage de la propriété et de l'entièreté, elle existe originellement *au-dessus* de ces catégories. L'unité de l'essence, de laquelle relèvent la propriété et l'entièreté, apparaît, à cet égard, *suprême,* souveraine (I, 165).

Théorème VI.

19. Après avoir saisi à l'unité divine ses deux modes de la propriété et de l'entièreté et distingué l'un d'avec l'autre, ainsi que chacun d'avec l'unité suprême de l'essence, il nous faut les envisager dans leur relation mutuelle. Rapportant la propriété à l'entièreté et réciproquement, on voit que ces deux catégories existent l'une à l'autre, c'est-à-dire que la propriété s'offre entière et l'entièreté, propre; en d'autres termes, que la propriété affecte entièreté et l'entièreté, propriété. Si maintenant l'on rapproche de l'Être ces déductions particulières, on obtient les propositions suivantes, analogues à celles que l'intuition dévoile pour le moi: *L'Être est la propriété entière* (l'absoluité infinie), et *l'Être est l'entièreté propre* (l'infinité absolue).*) L'Être est entièrement le même et proprement l'entier. Si donc les catégories de la propriété et de l'entièreté ont un rapport réciproque, en vertu duque chacune possède l'autre, elles se trouvent aussi toutes deux réunies au même objet, elles constituent ensemble *l'union,* *l'harmonie* de l'unité de l'essence, *l'unité harmonique* de l'essence,

---

*) Pour l'esprit superficiel, ces idées pures semblent vides de ressources et dénuées de variété. Elles ont cependant leur valeur: d'abord, elles sont des vérités effectives fondamentales, et cette seule considération suffirait pour les rendre dignes de notre attention; mais, en outre, l'on verra par les prochaines déductions que d'importants chapitres de la science, et surtout de la Mathématique, s'occupent exclusivement de ces catégories combinées (V. Ch. IV, Th. X).

en tant qu'elle est inséparable de ses deux modes coordonnés et unis, la propriété et l'entièreté.

Après cette double relation de la propriété et de l'entièreté l'une avec l'autre et avec l'unité *pure* de l'essence, nous avons à les rapporter à l'unité *suprême* de l'essence qui les domine, et, à cet égard, nous voyons que l'unité suprême existe tout ensemble et se trouve unie avec la propriété aussi bien qu'avec l'entièreté, c'est-à-dire nous apercevons *l'unité harmonique suprême*, l'harmonie ou l'union suprême de l'unité de l'essence, et, à vrai dire, à la fois comme propre et comme entière (die *Urvereinwesenheit*, und zwar die *Urselb-Vereinwesenheit* und die *Urganz-Vereinwesenheit*). Ce rapport est double également. D'une part, l'unité suprême, comme telle, offre aussi bien la propriété que l'entièreté et qu'aussi la conciliation de ces deux attributs; elle est la même, l'entière et la même unité suprême entière. D'autre part, l'unité suprême est, à l'un et même Être entier, unie avec la propriété, l'entièreté et leur accord.

Telle se présente la constitution complète et systématique de l'unité de l'essence.

20. Afin de faire saisir nettement la distinction et l'union de ces catégories, illustrons-les par un schème emblématique [I, planche, (I)]. Je figure l'*unité pure* de l'essence par le cube *go;* puis, les deux attributs intrinsèques de cette unité, à savoir la *propriété* et l'*entièreté*, respectivement par les cubes *gi* et *ge*, non superposés, mais s'emboîtant l'un dans l'autre, et indiquant ainsi à la fois la distinction et l'union de ces deux aspects de l'unité de l'essence. Ces derniers s'opposent à l'*unité suprême* de l'essence, représentée, au-dessus des cubes *gi* et *ge*, par le cube *gu*, qui dépasse et pénètre à la fois les précédents, pour marquer de nouveau la distinction aussi bien que l'union de chacune des catégories de la propriété et de l'entièreté par rapport à l'unité suprême. Alors l'union de ces membres opposés: la propriété unie à l'entièreté, est rappelée par le parallélépipède rectangle *gä*, commun aux cubes *gi* et *ge*, lequel marque ainsi l'union collatérale de l'essence, c'est-à-dire l'*entièreté propre* et la *propriété entière*. La propriété et l'entièreté sont respectivement unies en ligne ascendante avec l'unité suprême, ce

qu'expriment les parallélépipèdes *gü* et *gö*. Enfin le terme harmonique de la propriété et de l'entièreté unies sous l'unité suprême s'enchaîne à celle-ci par le parallélépipède *ga;* en d'autres termes, ce dernier est l'emblème de l'union, avec l'unité suprême de l'essence, de la propriété et de l'entièreté unies entre elles.

21. Les catégories exposées jusqu'ici se rencontrent également, comme on l'a remarqué au cours de l'analyse, dans la considération de chaque objet fini; elles indiquent les points de vue primordiaux par où la pensée doit envisager chaque chose, les chefs généraux sous lesquels viennent se ranger toutes les idées que nous avons des choses (I, 174, 254 et ss.). Bien que nous n'ayons point jusqu'à présent discerné dans la vision de l'Être, déduit synthétiquement l'essence du fini, nous n'en sommes pas moins autorisés à affirmer que ces catégories s'appliquent légitimement à cette dernière; car, dans l'analyse, l'intuition nous a révélé le fini et sa subordination à l'Être; rapportant alors l'unité de l'essence de l'Être aux choses particulières qu'elle renferme, la pensée conclut que celles-ci existent conformes à cette essence et la manifestent, chacune sous une forme spéciale, avec tous ses caractères (I, 238 et ss.).

Théorème VII.

22. Qu'apercevons-nous encore à l'unité de l'essence, comme telle? Nous voyons le *comment* ou *la forme* selon laquelle cette unité se présente (I, 166, 255). Il est toujours impossible de donner du comment ou de la forme une définition au sens ordinaire du mot; car cette catégorie adhère précisément à l'essence de l'Être, et, en conséquence, il ne s'offre aucun genre plus élevé dans lequel elle pourrait se classer; nous devons demander à chaque esprit qu'il la regarde, sans intermédiaire, à l'essence même. Lorsque l'intelligence saisit le comment de l'unité d'essence, elle le désigne par le mot *position* (Satzheit) ou *thèse* (thesis). Comment est l'essence? Elle est *positive* (satzig), elle se *pose*, elle a *positivité*.

Cette conception de la forme pure s'élucide pour le moi par le fait qu'il remarque à son être aussi l'essence comme

positive, comme posée, que la forme de son essence consiste
dans sa position ou sa positivité. Afin de prévenir toute
confusion, observons qu'il ne s'agit pas encore ici de l'*opposition* ou de l'*oppositivité* (la contra-positivité), qui n'est qu'une
catégorie particulière contenue dans la position ou la positivité, et à développer conséquemment plus tard. Nous
envisageons ici la *position*, la *thèse* une, propre et entière,
sans avoir égard à l'*opposition*, à l'*antithèse**). Comprenant
ainsi cette catégorie dans sa pureté, nous pensons de Dieu:
Dieu est l'Être un positif entier, l'Être qui se pose un et entier;
en d'autres termes, *la forme de l'essence divine est la positivité
absolue et infinie*.

Théorème VIII.

23. La positivité a unité comme *unité de la forme* ou de
la position (I, 166). L'unité de la forme est intégrante de
l'unité de l'essence; mais elle n'est pas toute l'unité et la
simplicité de l'essence; elle ne constitue que la qualité d'être
unique, non double, triple, etc., bref, *l'unité formelle*, *l'unité de
nombre*, *l'unité numérique*, *l'unicité*. Cette notion rapportée à
Dieu entraîne la proposition: *Dieu est un seul Être*, *Dieu est
l'unicité positive*, Dieu est posé comme l'Être seul et unique;
ce qui s'exprime négativement: *Dieu n'est point multiple*, l'Être
exclut la multiplicité.

C'est en ce sens, en considérant seulement l'unité de
nombre ou de forme, qu'on appelle vulgairement la vision
fondamentale de l'Être la *doctrine d'un seul Dieu*, le *Monothéisme*, bien qu'au fond le principe du monothéisme implique

---

*) Peut-être nous fera-t-on observer que l'oppositivité et la composi-
tivité n'ont pas encore été déduites jusqu'à présent et que néanmoins nous les avons appliquées déjà comme formes de l'unité
d'essence (14 et ss.). Nous objecterons à cela que rien n'empêche-
rait de signaler la forme, la positivité de l'essence avant d'en distinguer la propriété et l'entièreté. Puis, notre exposé ne souffre
aucunement de cette remarque: la distinction de la propriété et
de l'entièreté affecte, il est vrai, la forme de l'opposition, de l'antithèse, mais elle se révèle aussi au *fond* même de l'essence, sans
que l'on ait égard à sa forme, la positivité.

plutôt que Dieu a ou mieux est unité d'essence (unitas essentiae) et *à celle-ci* également unité de nombre (unitas numeri).

Théorème IX.

24. Les catégories qu'on attribue à l'unité de la position correspondent à celles de l'unité de l'essence, à la propriété et à l'entièreté (I, 166, 168). En s'enquérant de la forme de la propriété ou de l'absolu, on trouve la première de ces catégories, qui est la *direction* et à laquelle on donne aussi le nom de *relation* ou de *relativité*. Comment se pose, s'accuse la propriété? En se dirigeant sur soi, en se rapportant à soi; la direction est donc l'aspect de l'unité de position de l'essence, qui dérive de la propriété de cette dernière. Cette notion s'éclaircit quand on examine la forme de la propriété du moi, quand l'on se persuade que le moi, apercevant sa propriété, sa propre essence, se dirige, se replie, fait retour sur soi-même; ou bien lorsqu'on considère l'espace dont on saisit la propriété en le rapportant intérieurement à lui-même, en concevant ses directions, ses dimensions. Cette notion, appliquée à l'Être, peut encore s'énoncer: *L'Être se pose soi* ou l'Être est positivement soi-même, a sa position propre.

Envisageant la forme de l'entièreté ou de l'infini, nous lui trouvons *contenance* (capacité); l'entièreté a pour caractère formel de *contenir* l'essence, de l'avoir pour contenu; la contenance est donc l'aspect de l'unité de position de l'essence, qui découle de l'entièreté de cette dernière. Le moi s'en rend compte par la conscience qu'il a de se contenir, de se comprendre, de se renfermer en entier, d'exister avec toute sa capacité particulière, avec tout ce dont il est capable; ou bien encore lorsqu'il voit l'étendue entière contenant tout ce qu'elle est. Cette notion exprimée de l'Être s'énonce: *L'Être se pose entier* ou l'Être est positivement tout soi, a sa position entière.

25. Les catégories de la direction et de la contenance s'unissent l'une à l'autre, c'est-à-dire que la direction a contenance et la contenance, direction. De plus, ces attributs formels sont ensemble inséparables de la position [I, planche, (I), *do*].

Théorème X.

26. Enfin, par le discernement de ces deux catégories formelles à l'unité de la position, nous acquérons la vision de l'unité de la position, en tant qu'elle est au-dessus de ses deux aspects, supérieure à toute antithèse, c'est-à-dire nous apercevons l'*unité suprême de la position*, laquelle est à la forme comme l'unité suprême de l'essence est à l'essence. D'où se voit que l'organisme des catégories de la forme de l'Être est analogue à celui des catégories de l'essence [I, planche, (I), *go* et *do*].

Théorème XI.

27. L'on vient d'apercevoir successivement à l'Être l'essence, à l'essence l'unité d'essence et à cette dernière la forme ou la position. La position, adhérente à l'unité d'essence, appartient donc aussi à l'essence comme forme de cette dernière, et ainsi s'impose une nouvelle pensée, à savoir la pensée de ce qu'est l'essence avec sa position. Cette catégorie de l'*essence positive* ou, comme l'on dit ordinairement, de l'*essence posée*, nous la nommons l'*existence* (I, 256).

28. Avant de poursuivre l'examen de cette catégorie, précisons par un exemple la signification du terme *exister*. On entend dire: „Je puis, à coup sûr, m'imaginer un homme ailé, mais un pareil être existe-t-il? Là est la question." Le véritable sens de cette question est le suivant: Une pareille essence, être corps humain ailé, se trouve-t-elle posée dans la nature extérieure? Si je parviens à montrer qu'il en est ainsi, je dirai à bon escient: L'homme ailé *existe*; mais, si je reconnaissais que cette essence n'est point posée dans la nature, je serais simplement en droit d'affirmer: Un tel homme n'existe pas *dans la nature*; et non de proclamer sans restriction: Un tel homme *n'existe point*. Si, dans le dernier cas, l'on emploie à tort une locution générale, c'est qu'on néglige d'observer que le corps ailé est posé tout au moins dans le champ de l'imagination et que, par suite, il existe effectivement dans ce domaine de l'essence positive, qui est le monde de la fantaisie. Mais lorsqu'on conçoit l'existence de l'Être ou de Dieu, on conçoit l'essence de l'Être

même entièrement positive ou posée, avec tous ses domaines, c'est-à-dire on pense Dieu comme existant absolument et infiniment, proprement et entièrement (I, 207). D'où la proposition: *L'Être est l'existence.* *)

Théorème XII.

29. Comme l'essence et la position, l'existence est une, a unité, unité d'essence et de nombre en union. D'où les propositions: *Dieu est l'existence une, l'existant un,* ou *l'Être est l'unité d'existence.* — '

Théorème XIII.

30. Les catégories particulières qu'on distingue à l'unité de l'existence concernent encore une fois la propriété et l'entièreté. D'une part, envisageant l'existence de l'Être comme être propre, dirigé sur soi-même, nous concevons *l'existence de direction* de l'Être sur soi-même, *l'existence de relation* de l'Être avec soi-même, lorsque nous pensons que Dieu existe en rapport avec soi, se rapporte à soi, fait retour sur soi**). D'autre part, considérant l'existence de l'Être comme l'être qui contient tout, nous voyons *l'existence de contenance*, en apercevant l'essence positive de l'Être comme l'essence qui englobe tout.

C'est en se fondant sur cette distinction que l'on discerne, à l'égard de chaque objet fini, ce qu'il est en relation, dans ses rapports internes et externes, c'est-à-dire comme relatif, d'avec ce qu'il est par son contenu, comme contenant.

Théorème XIV.

31. Ces deux aspects de l'existence, diversifiés d'après la propriété et l'entièreté, existent unis l'un à l'autre; d'où la vision de *l'existence composée*, de *l'existence harmonique*, en direction et contenance déterminées.

---

*) Puisque l'existence est la positivité de l'essence ou l'essence même comme posée, l'existence de l'Être est effective, l'Être est l'existant effectif, ὄντως ὄν, suivant l'expression de *Platon*.

**) Chaque verbe réfléchi, énonçant un rapport qui, partant du sujet, revient sur le sujet lui-même, exprime une particularité de cette existence.

Puis, au-dessus de l'existence de relation et de l'existence de contenance, associées à l'unité de l'existence et opposées l'une à l'autre, apparaît l'*unité suprême de l'existence* [I, planche, (I), *jo*].

Scolie.

32. Il ressort des théorèmes précédents que l'existence de l'Etre n'est qu'une catégorie discernée à son essence. En effet, l'existence n'est pas l'essence même une et entière, mais seulement l'essence comme positive ou posée. Quiconque ainsi voit l'essence de l'Être et y pénètre par la pensée, découvre que l'essence de l'Être — comme posée — est aussi l'existence de l'Être, ou, suivant l'expression commune, que *Dieu existe*. De là suit, en outre, que l'existence de Dieu n'est point quelque qualité nouvelle à côté de son essence, comme si l'on savait se rendre compte de l'essence de Dieu, mais sans l'existence — sans sa forme ou sa position — : conception impossible, puisque le fond emporte la forme, que l'existence adhère à l'essence de l'Être et, par suite, ne saurait dans la pensée se séparer de cette dernière.

Ces considérations montrent clairement que c'est à cause de l'inapercevance des catégories divines que des penseurs se sont proposés de concevoir Dieu d'abord selon son essence et de chercher ensuite la démonstration de son existence. Aussi toutes les soi-disant preuves, médiates, de l'existence de Dieu, qui ne s'appliquent pas à voir sans intermédiaire l'existence de l'Être à lui-même, comme intrinsèque de son essence, ne sauraient en procurer la certitude, bien qu'elles puissent constituer des moyens de rappeler Dieu à la conscience. *)

La vérité au sujet du rapport de l'existence à l'essence de Dieu semble avoir été entrevue, pour la première fois, au moyen-âge, par *Anselme de Canterbury*, qui professait que l'essence de Dieu emporte avec soi l'existence de Dieu **)

---

*) V. *Ahrens*, Cours de Philosophie, T. II, Partie générale de la Métaphysique. *(Note du traducteur.)*

**) „Tu es en vérité, mon Dieu, tel que tu ne peux pas même être conçu comme non existant.“

(I, 207, 214). Seulement, il a, sans raison et sans aucune utilité, obscurci ce point principal de sa doctrine en le noyant dans des considérations spéculatives sur la nature de l'intelligence finie.

Après lui, *Descartes* entreprit de développer cette thèse, mais il s'y est égaré, comme son devancier, en se proposant de l'établir sous la forme d'un raisonnement conclusif, d'une démonstration syllogistique, et en se félicitant d'avoir trouvé ainsi une *preuve* de l'existence de Dieu.*) Or, la pensée *Dieu* ou *l'Être* ne sait et ne demande nullement à être posée comme conclusion d'un argument (I, 203), pas plus que la proposition: *Dieu existe* (l'Être est positif), puisque l'Être manifeste de soi et à soi son existence et que, au contraire, tout le fini et le déterminé, duquel on croirait pouvoir s'appuyer, doit être posé comme existant en lui et par lui, sous la forme d'une déduction dont les termes primitifs ou les prémisses sont les catégories de Dieu, aperçues sans conditions, dans leur absoluité, les seuls objets immédiatement visibles et intelligibles par eux-mêmes, universels et généraux à toutes les intelligences. Cette vérité n'a pas échappé à *Spinoza*, qui dit positivement: „*Substantia est cujus essentia involvit existentiam*"; ce qui, exprimé scientifiquement, signifie: *L'Être est celui dont l'essence a ou mieux est aussi à soi l'existence.*

Kant, par contre, isole la pensée de l'essence de Dieu et la sépare nettement de la pensée de l'existence. Perdant de vue que l'existence est à l'essence, il ne put s'élever à la notion de Dieu comme Principe de la science et se retrouva toujours devant la question: Cet être existe-t-il aussi? Je dis: *Kant* ne put atteindre à la connaissance scientifique de Dieu, mais non: *Kant* n'a pas reconnu Dieu, en général; en effet, il arrivait au pressentiment *rationnel* de Dieu, en partant

---

*) „Revenant à examiner l'idée que j'avais d'un être parfait, je trouvais que l'existence y était comprise en même façon qu'il est compris en celle d'un triangle que ses trois angles sont égaux à deux droits . . ., ou même encore plus évidemment, et que, par conséquent, il est pour le moins aussi certain que Dieu, qui est cet être parfait, est ou existe qu'aucune démonstration de géométrie le saurait être."

de la considération de la liberté morale. La confusion, qui dans l'esprit de *Kant* ôtait la clarté à cette pensée fondamentale, se révèle surtout au principe qu'il adoptait, à savoir que „l'existence n'est nullement un prédicat, puisque", disait-il, „le contenu, le fond d'une pensée n'est pas du tout élargi par le fait que j'en pense encore l'objet comme existant". Or, il est clair que si ce contenu semble ne recevoir rien de plus par la conception de l'existence, c'est parce que la pensée de l'existence se différencie de celle de l'essence simplement en ce que l'essence y est envisagée avec sa forme, qu'on l'y précise comme essence posée, et que le philosophe n'avait pas remarqué que l'existence est par là connexe à l'essence, qu'elle est l'essence positive.*)

Théorème V.

33. Afin de nous orienter dans nos prochaines déductions, jetons un coup d'œil sur le chemin parcouru. Nous avons

---

*) La théorie de la légitimité de la pensée de Dieu, élucidée déjà dans l'analyse (I, 199 et ss.), est mise ici en pleine lumière. La conception de l'inexistence de l'Être entraînerait celle de l'inexistence de toute chose, en général; car l'Être se conçoit comme étant chaque être fini et chaque essence finie, et ceux-ci sont conçus comme étant ce que l'Être les est *à, dans* et *par* soi. Ce qui, néanmoins, ne veut pas dire que l'existence du moi et des autres êtres finis nous procure la conviction de l'existence de Dieu, mais seulement que nous sommes assurés de l'existence des choses finies et que la vue de l'Être nous dévoile que cette existence se trouve et, dès lors, ne se comprend que comme renfermée dans, sous et par l'une seule et même existence entière de Dieu.

Il est évident, en outre, qu'en *pensant* l'Être nous lui accordons déjà une certaine existence, à savoir l'existence intellectuelle, dans l'entendement, et qu'ainsi quiconque se présume en état de connaître Dieu comme inexistant doit convenir que, de ce chef déjà, son assertion n'est pas absolument exacte.

Nous disons que l'existence de Dieu, au sens ordinaire du mot *démonstration*, est *indémontrable*, puisqu'il ne se trouve aucun objet plus élevé qui enferme *en* soi cette existence; car celle-ci est *à* l'Être. Mais, si *démontrer* signifie reconnaître un objet selon son rapport avec le fondement auquel et dans lequel il est, l'existence de Dieu peut et doit, ainsi que nous venons de le faire, se démontrer, se *déduire* immédiatement *à* l'essence de l'Être à laquelle adhère l'existence, et originairement *à* l'Être, puisque l'essence tient *à* l'Être.

vu à l'Être l'essence avec toutes les catégories qu'on y distingue
et qu'on aperçoit aussi inséparablement liées avec elle. Si
donc nous avons fait la distinction de l'Être et de l'essence,
nous ne les avons pas encore envisagés dans leur union. Il
a été remarqué, au début de cet exposé, qu'objectivement
l'Être et l'essence, Dieu et la divinité ne sont qu'un; si
maintenant l'on considère la relation effective de l'Être même
avec son essence, on voit qu'aussi l'union de l'Être et de
son essence se conçoit comme existante à Dieu, c'est-à-dire
comme union qui existe *pour* Dieu — et non simplement pour
nous, qui en avons rencontré la conscience dans notre entendement —; bref, nous voyons que *Dieu est son essence pour
lui-même*, et comme, en ce qui concerne Dieu, l'être et l'essence
se valent, nous pouvons dire encore: L'Être est l'Être *pour*
soi-même, Dieu est Dieu *pour* soi-même, *Deus sibi Deus*,
aussi bien que pour nous.*)

34. Ainsi comprise, la proposition: L'Être est l'Être pour
soi-même, équivaut à la suivante: *L'Être est intime à soi-
même, l'Être a* ou *est intimité, Dieu a l'intimité de soi.* Cette
catégorie est donc celle de *l'intimité de Dieu*, de la présence
de l'Être à soi-même (I, 212, note). Bien entendu, ce terme
s'emploie *ici* sans considération de durée, tel qu'on l'applique
à la conscience et au sentiment lorsqu'on parle, sans restriction de temps, de conscience intime et de sentiment intime;
Dieu, comme l'un et même entier, n'a besoin d'aucun travail
pour *devenir* intime à soi-même: il l'est, de par son essence,
absolument et entièrement.**)

L'intimité de l'Être est donc l'existence d'union, l'existence
harmonique de l'Être et de son essence; elle est l'unité
d'essence même comme existante *à* Dieu, unie avec Dieu,
présente à Dieu, c'est-à-dire *pour* Dieu. Et, puisque l'intimité
de l'Être est elle-même une de ses catégories, que, de plus,
l'Être apparaît intime à *toute* son essence, il se voit qu'il est
aussi intime à son intimité.

---

*) Tout comme l'homme est homme *pour* lui-même, aussi bien que
pour ses semblables.

**) Cependant cette intimité, tout en demeurant *à* soi, à son unité,
absolue et infinie, est aussi *en* soi, dans sa variété interne, chan-
geante avec le temps (V. Ch. IV, th. XXVI).

35. Descendant, pour éclaircir cette catégorie divine, à la considération du moi comme être intelligent fini, chacun trouvera qu'il est intime à soi-même, qu'il est, de par son essence, sans restriction de durée, *je pour soi, il se* replie sur *soi*, il fait retour sur soi, il est présent à soi, il s'appartient à soi-même, et, puisque nous pensons déjà que l'être raisonnable fini est semblable à Dieu, il est, dès maintenant, possible de reconnaître que notre intimité propre est semblable, dans ses limites, à l'intimité propre et entière, absolue et infinie de Dieu.*)

Théorème XVI.

36. L'intimité de l'Être est elle-même essence divine, puisque celle-ci est une (12); conséquemment, elle se trouve constituée de la même manière que cette essence. Or, on a vu que l'essence de Dieu est ou a à soi unité pure, unité suprême, en outre, propriété, entièreté et harmonie de la propriété et de l'entièreté; par suite, l'intimité de Dieu affecte aussi ces quatre aspects, c'est-à-dire que l'une et même intimité entière de l'Être existe, conformément à l'organisme de l'essence:

Intimité

Intimité suprême

Intimité propre.   Intimité entière

Intimité harmonique.

Elle est intimité suprême au-dessus de la distinction et de l'opposition de la propriété et de l'entièreté; puis, dans l'antithèse, propre et entière; enfin, dans la synthèse, harmoniquement propre et entière. En d'autres termes, Dieu

---

*) Le rapport harmonique d'un être avec lui-même ou l'union intime d'un être avec son essence reçoit parfois le nom de *sens intime*. On l'appelle communément aussi *conscience de soi*. Mais ces termes, pris dans leur acception habituelle, ont une signification trop restreinte: ils s'appliquent respectivement au sentiment et à la connaissance que l'être possède de lui-même, et ne désignent l'un et l'autre qu'un rapport particulier de l'Être avec son essence. Là *conscience de soi* et le *sentiment de soi* sont deux faces spéciales de l'*intimité de soi*, une, propre et entière. (V. *Psychische Anthropologie*, S. 30, 160 et ff., 224 et ff.; *Vorlesungen über die Musik*, 1824, S. 6 et ff., 1829, S. 3 et ff.)

est intime à soi-même selon son essence suprême, son essence propre, son essence entière et son essence harmonique. Et, comme l'Être est tout à fait intime à toute son intimité, il suit qu'il est intime à toute son intimité et à tout l'organisme de celle-ci, d'après cet organisme entier.*)

37. Telle se présente la déduction (I, 334 et ss.) des catégories impliquées dans l'intimité divine. Recherchons maintenant ce que donne à cet égard l'intuition (I, 338 et ss.). Le moi, l'être intelligent fini étant semblable à Dieu en vertu de l'unité de l'essence de l'Être, cette similitude s'étend aussi à la catégorie de l'intimité et, dès lors, dans son intimité restreinte se retrouvera, d'une manière finie, l'organisme des rapports intimes mentionnés au tableau qui précède. Portant donc notre regard sur nous-mêmes et sur les modes divers de notre intimité, nous aurons, en fini, l'intuition de l'intimité de Dieu. Certes, nous ne sommes pas intimes à Dieu comme Dieu l'est à soi-même, infiniment et absolument — car nous sommes bornés et conditionnés — mais notre rapport intime avec nous-mêmes est, de son essence pure, semblable à l'intimité infinie de Dieu.

38. D'abord, sommes-nous intimes à nous-mêmes selon la catégorie de la propriété? En d'autres termes, en tant qu'êtres propres, existons-nous proprement *pour* nous-mêmes? Assurément, puisque nous nous connaissons et savons. Je suppose que l'on n'a pas oublié l'analyse de la connaissance (I, 146 ss.); chacun sait que, dans toute connaissance, le connaissant, comme être propre, est uni effectivement au connu, aussi comme être propre. Or, quiconque se rend compte de ce fait et se voit, comme ci-avant, au cours de la déduction synthétique, indépendamment de toute considération finie, amené à poser que l'Être est intime à soi conformément à son essence, par suite aussi, d'après la propriété de cette

---

*)

L'intimité		l'intimité
de		particularisée *d'après*
l'unité,		l'unité,
l'unité suprême,	se distingue de	l'unité suprême,
la propriété, l'entièreté,		la propriété, l'entièreté,
l'unité harmonique		l'unité harmonique
de l'essence		de l'essence.

essence, il reconnaît également que cette idée absolue de
l'*intimité propre*, obtenue par déduction, est la même que la
notion relative de la connaissance, rencontrée intuitivement
dans son esprit; et, à cause de cette identité, il se juge
autorisé à affirmer, dans la construction (I, 342 et ss.), que
l'Être se sait, se connaît soi-même, que *Dieu est* ou *a conscience
de soi-même*, ou, le terme *voir*, pris au figuré, étant le plus
général pour exprimer cet aspect de l'intimité, que *l'Être
voit l'Être*, que *Dieu se voit*.

39. Puisque, en outre, on remarque que hors de Dieu
il n'est rien, mais que Dieu est à et en, sous et par soi
chaque chose finie qui existe, il suit que Dieu, en se voyant,
voit aussi chaque chose finie. *La vision propre de Dieu est
une même entière, absolue et infinie.* Il voit l'univers et tout
ce que l'univers est et contient, tout ce qui a essence éternelle,
temporelle, suprême ou éternelle et temporelle en union; il
juge tous les êtres humains. Il est donc *omniscient, omni-
voyant*; ce qui ne veut pas dire simplement qu'il sait et voit
toutes les choses particulières et leur ensemble, mais qu'il se
connaît soi-même, souverainement, selon son essence une,
propre et entière et selon son essence suprême, et *aussi* tous
ses objets dans leur variété et leur harmonie.

40. Nombre de philosophes prétendent qu'il est impossible
de parfaire la pensée exprimée ci-dessus, qu'en présence de
cette pensée l'esprit humain s'éblouit et flotte incertain.
J'objecte à cela que l'idée de la vision infinie et absolue de
Dieu est simple et claire, et facilement accessible à la raison;
il est même beaucoup plus aisé de comprendre que Dieu
sait absolument et infiniment et connaît tout que de penser
qu'un esprit borné puisse savoir quelque chose.*) Certes,
l'intelligence humaine ne saurait embrasser dans l'entende-

---

*) De même que la ligne finie ne peut se concevoir que comme
partie intégrante de la ligne infinie ou chaque étendue finie comme
partie intrinsèque de l'espace infini, de même chaque vision finie
ne se comprend que comme partie interne de la vision infinie.
Ainsi qu'un corps fini avec son étendue partielle est à la matière infinie avec son étendue entière, ainsi chaque intelligence
finie avec son savoir partiel est à l'Intelligence infinie avec son
savoir entier.

ment la diversité de l'infini et de l'absolu, en général, ni se la représenter dans l'imagination; lors donc qu'elle veut s'efforcer de connaître Dieu entièrement et absolument, le percer du regard, elle poursuit une chimère et se propose un but inaccessible à ses moyens. Mais il lui est possible de saisir l'Être à l'unité de son essence, s'il ne lui est pas donné de pénétrer la plénitude infinie de la Divinité.

41. Nous venons d'acquérir la vision intuitive de l'une des catégories intégrantes de l'intimité divine. Considérons ensuite la seconde catégorie, coordonnée à la précédente, suivant laquelle l'Être est intime à soi-même d'après l'entièreté ou l'Être comme entier est uni avec soi-même selon son essence entière. L'intimité restreinte de l'esprit fini offre-t-elle également l'aspect correspondant à cet attribut divin? L'analyse a montré que cette face de l'intimité est le sentiment; en effet, dans chaque sentiment se réalise un rapport d'union effective de l'objet comme entier avec l'être sentant comme entier, c'est-à-dire que le sentiment s'attache à l'entièreté de l'objet, sans en démêler l'essence propre, sans nous éclairer sur ses rapports (I, 216). Ainsi, nous nous sentons dans le sentiment de nous-mêmes, lorsque notre intimité s'étend sur l'entièreté de notre essence, et nous avons aussi, dans notre for intérieur, le sentiment d'êtres étrangers, lorsque notre essence entière s'imprègne de la leur. Quiconque fait cette remarque et s'est maintenant avec nous rendu compte déductivement de cette catégorie divine de l'intimité entière, sans avoir égard au sentiment fini, il est amené à rapprocher l'intuition de la déduction, et, reconnaissant ainsi l'identité de la notion déduite avec la donnée intuitive, il se persuade que *l'Être sent l'Être* ou, plus explicitement, que *Dieu, en tant qu'il est Dieu entier* **pour** *soi-même ou qu'il est uni avec l'entièreté de son être, se sent lui-même.*

42. Il faut observer, à ce propos, qu'en faisant usage, pour exprimer les catégories de l'Être, des termes de ce genre empruntés de notre finité, nous devons, au préalable, les idéaliser et les *consacrer.*

Un autre mot spécialement consacré à la désignation du sentiment de soi qu'a l'Être divin, c'est celui de *béatitude;* l'on dit en ce sens: *Dieu est bienheureux* ou *jouit de la béatitude*

éternelle. Conséquemment, ce mot ne devrait s'employer pour
qualifier le sentiment humain qu'en tant que l'être affectif se
sait purement semblable à Dieu, qu'autant qu'il puisse avec
raison se considérer *essentiellement* ou *divinement bienheureux*
dans sa sphère limitée, puisque Dieu même est la Divinité
bienheureuse, absolument et infiniment.*) À ce point de vue,
haussant à l'idéal divin les locutions les plus nobles de la
langue, on peut dire aussi: *Dieu est l'Âme infinie bienheureuse*
ou *Dieu est le Coeur infini bienheureux*, de même qu'on appelle
„*coeur pur*“ l'inclination de l'âme qui se modèle sur la
Divinité.

43. Telles se présentent, dans leur coordination, les deux
catégories de l'intimité divine. Mais elles s'unissent aussi
l'une dans l'autre en vertu de l'harmonie de l'essence, c'est-
à-dire que la vue de soi ou le savoir infini et absolu de Dieu
est en union complète et en accord parfait avec son sentiment
de soi infini et absolu: l'intimité de Dieu est *béatitude voyante*
et *vision béatifique*.

Regardant de nouveau au fond de notre âme, nous y
découvrons également cette intimité harmonique, plus ou
moins bornée, il est vrai, et conçue d'abord comme l'obligation perpétuelle de conserver l'accord de toute la connaissance avec tout le sentiment et réciproquement de maintenir
l'émotion du cœur en heureuse harmonie avec le savoir de
l'intelligence, comme le devoir impérieux d'affectionner la
vérité et de vérifier les affections. Or, ce qu'à et en nous
nous trouvons fini et assujéti au devenir temporel, Dieu l'est,
comme on vient de le reconnaître, infiniment et absolument.

S c o l i e s.

44. Les considérations précédentes permettent de préciser
le sens de certaines locutions figurées.

Ainsi, en disant que *Dieu est l'Esprit et le Coeur infinis*

---

*) La béatitude est l'état de perfection, ressenti dans l'âme. On
peut dire aussi que le sentiment *béatifique*, comme tel, est indé-
pendant de ce que ce soit l'Être lui-même ou un être fini qui
l'éprouve. C'est pourquoi, en allemand, nous qualifions les morts
de *bienheureux* (mein *seliger* Vater, feu mon père), parce que nous
nous plaisons à les croire rapprochés de Dieu.

et absolus, on entend que l'Être connaît et sent infiniment et absolument; en pensant que *Dieu est la Raison universelle, infinie et absolue,* on juge que l'Être est doué de l'intimité absolue et infinie de son essence.

Le pressentiment de l'organisme entier de l'intimité de Dieu se rencontre encore sous les expressions: *Dieu garde tous les êtres, Dieu a tout l'univers en sa sainte garde, Dieu veille sur tous les êtres.*

45. Les catégories opposées de l'intimité divine ont chacune leur existence-propre; l'une n'est ni le fondement ni le résultat de l'autre: elles existent concurremment à l'Être même avec leur essence propre. La vision où la pensée de Dieu n'est point l'origine de son sentiment ni le sentiment la source de sa connaissance: ces deux catégories existent à l'Être, leur commun fondement, chacune pour soi et toutes deux en parfaite harmonie. Cette déduction nous dévoile la raison du fait observé dans la première partie fondamentale de la philosophie, à savoir que, pour le moi aussi, la connaissance et l'émotion ont leur existence propre, que l'une ne peut ni remplacer ni produire l'autre, mais que toutes deux, unies effectivement, peuvent et doivent s'harmoniser dans leur individualité. *) (I, 131 et ss.)

46. Puisque l'intimité de l'Être enveloppe cette intimité même, en d'autres termes, puisque l'Être est en rapport intime avec soi-même comme être intime, il est aussi intime à l'organisme de son intimité selon tout cet organisme, c'est-à-dire qu'il voit et sent harmoniquement sa connaissance, son sentiment et leur accord; puis, par la même raison, il est, encore une fois, intime à l'intimité de son intimité.

De là une série de corollaires:

Dieu est conscient de son savoir; Dieu a conscience de sa conscience; Dieu connaît la connaissance de son savoir; Dieu se rend compte de la conscience de sa conscience; Dieu sent son sentiment et a le sentiment de son savoir. On con-

---

*) Le sentiment de félicité, par exemple, accompagne nécessairement la vue complète de la vérité, mais ne la procure point; la notion claire de la félicité est inséparable de la paix parfaite du cœur, sans en être la cause.

tinuera sans peine à développer l'organisme de l'intimité de
l'intimité de l'intimité de l'Être (I, 140).

47. Dans la partie analytique, nous avons considéré,
d'une manière analogue, l'intimité de l'intimité de l'esprit fini
(I, 138 et ss.). Mais c'est ici seulement, après avoir déterminé par déduction la catégorie de l'intimité comme adhérente à l'essence de l'Être, que nous savons saisir, dans leur
principe, l'ensemble et les modes particuliers de notre intimité humaine, reconnue auparavant par la seule observation
de notre moi. La vue de l'intimité de Dieu avec son essence
rehausse la conscience et le sentiment que nous avons de
notre intimité avec Dieu; en effet, sachant que l'intimité de
Dieu avec son essence embrasse tout, nous pensons que Dieu
a la conscience et le sentiment de notre intimité avec lui;
il sait que nous le connaissons et ressent dans son cœur infini l'affection que nous lui portons. Nous nous persuadons
concurremment que si notre intimité avec notre essence est
possible, c'est parce que nous sommes intimes à l'Être, qui
enferme cette essence; et ainsi seulement nous sommes vraiment intimes à nous-mêmes, nous acquérons l'exacte conscience et le juste sentiment de notre être, lorsque nous savons et sentons ces rapports englobés dans et sous notre
intimité de Dieu.*)

48. Une autre remarque, qui découle de la notion de
l'intimité de Dieu, concerne la pensée de la *vérité*. L'analyse nous a montré que la vérité est cette qualité de la
connaissance suivant laquelle l'essence même de l'objet s'a-

---

*) C'est cette vérité ici exprimée scientifiquement que *Malebranche*
énonce lorsqu'il dit que „notre âme ne découvrira jamais clairement ce qu'elle est, sa nature, ses propriétés, toutes les modalités
dont elle est capable, jusques à ce que la substance lumineuse et
toujours efficace de la divinité lui découvre l'idée qui la représente,
l'esprit intelligible, le modèle éternel sur lequel elle a été formée"
(Recherche de la vérité, L. IV. C. XI, II). „Je ne verrai jamais
ce que je suis", dit-il, „que lorsqu'il plaira à Dieu de me découvrir l'idée, ou l'archétype des esprits que renferme la raison universelle", c'est-à-dire que lorsque la déduction et la construction
régulièrement conduites selon les catégories divines inhérentes à
l'intelligence humaine me montreront l'essence de l'Esprit (V. Ch.
II, Th. I). *(Note du traducteur.)*

perçoit, par laquelle l'objet y apparaît tel qu'il est, ou, comme l'on dit, d'après laquelle la connaissance s'accorde avec le connu, le sujet avec l'objet. *) Or, Dieu se voit tel qu'il est, c'est-à-dire *Dieu se voit en vérité, la vue de Dieu est la vérité,* et, puisque la connaissance est une catégorie divine, *Dieu a* ou *est la Vérité.* Cela posé, comme Dieu ou l'Être est l'unique objet de la connaissance, *notre* savoir aussi n'est vérité — l'une seule et même vérité entière — que pour autant qu'il *sache* l'Être; par conséquent, chaque notion de chose finie également n'est vérité et ne fait partie de la vérité que si elle est reconnue telle qu'elle existe à ou dans et par l'Être. **) (I, 196, 200 et ss.)

---

*) La vérité, dans un sens plus restreint, désigne aussi le divin, l'essence de l'Être à réaliser comme devoir, l'idéal et le conforme à l'idéal, bref, la réalité qui doit s'effectuer dans la vie, parce qu'elle est l'essence divine, ou encore le *bien reconnu. Swedenborg,* par exemple, emploie les termes *verum, veritas,* dans cette acception. „Ainsi", dit-il, „une *vraie* vie est une vie dans laquelle ne se réalise que l'*essence,* le divin, non le vice et le mal." Les deux acceptions s'accordent en ce que l'essence *reconnue* est la vérité; en effet, une *vraie* vie devient alors une vie qui est conforme à l'essence effective reconnue de la vie; un *vrai* ou un *véritable* ami, un ami tel que son essence soit conforme à l'idée déductive de l'amitié; un *vrai* mal, celui qui est et a à soi la propriété reconnue du mal, à savoir de contrarier l'essence qui *doit* être vécue.

**) De sorte que l'on peut dire, avec *Malebranche,* que si nous ne voyions Dieu en quelque manière, nous ne verrions aucune chose; de même que si nous n'aimions Dieu, c'est-à-dire si Dieu n'imprimait sans cesse en nous l'amour du bien en général, nous n'aimerions aucune chose. Ainsi, comme nous n'aimons aucune chose que par l'amour nécessaire que nous avons pour Dieu, nous ne voyons aucune chose que par la connaissance naturelle que nous avons de Dieu; et toutes les idées particulières que nous avons des créatures (des êtres et des essences) ne sont que des déterminations de l'idée du créateur (de l'Être), comme tous les mouvements de la volonté pour les créatures ne sont que des déterminations du mouvement pour le créateur (Recherche de la vérité, L. III, IIᵉ partie, Chap. VI).

Il y a dans *Augustin* une foule de passages par lesquels il prouve que nous voyons Dieu dès cette vie par la connaissance que nous avons des vérités éternelles. La vérité est incréée, infinie, éternelle, au-dessus de toutes choses. Elle est vraie par elle-même; elle ne tient sa perfection d'aucune chose; et tous les es-

Lorsque l'esprit fini voit ainsi à et dans l'Être, et, à vrai dire, d'une manière tout à fait identique, son moi propre et toutes les choses particulières qu'il trouve en soi et hors de soi, l'opposition tranchée de l'immanent et du transcendant, du subjectif et de l'objectif, s'efface pour sa connaissance, et la distinction intellectuelle des deux genres persiste seule pour lui (I, 18, note).

Puisque la vérité est le savoir, l'Être est le *Savoir*, ou, pour parler figurément, Dieu est la *Lumière*, *l'Être de lumière*.

49. L'Être, ainsi qu'on l'a vu, est intime à soi dans la connaissance et le sentiment, et, comme êtres finis, nous sommes aussi intimes à nous-mêmes d'une manière finie. Or, en tant que chacun est intime à soi, il s'adresse à soi, il se sait, il dit *moi*, et, de ce chef, il s'attribue *personnalité*, c'est-à-dire *rapport intime avec soi*, il s'affirme comme *personne*.

Au terme *personne* se rattachent, il est vrai, beaucoup de significations dont plusieurs vulgaires et accessoires; toutefois, en lui conservant le sens idéal et consacré que nous venons de définir, de rapport dans lequel un être existe en unité *pour* soi-même quant à toute son essence, on dira à bon escient: Dieu est la *Personne* ou la *Personnalité* absolue et infinie. Je me passerais volontiers de cette expression à cause de l'indétermination qu'elle présente; mais je conviens que, si l'on appelle *personne* un être intime à soi, qui se pose *devant* soi, Dieu peut et doit être qualifié de ce nom, puisqu'il est l'Être intime à soi, infini et absolu.

50. Beaucoup de philosophes modernes pensent que la science ne saurait reconnaître Dieu comme l'Être personnel, qu'elle rejette, par suite, la connaissance de Dieu, et cela avec une autorité d'autant plus grande qu'elle progresse et s'astreint à plus de rigueur. La théorie scientifique de l'intimité de l'Être, développée dans sa vision, déduite synthétiquement, réfute, d'une manière péremptoire, cette allégation erronée.

---

prits cherchent à la connaître. Il n'y a rien qui puisse avoir toutes ces perfections que Dieu. Donc la vérité est Dieu. Nous voyons de ces vérités immuables et éternelles. Donc nous voyons Dieu. *(Note du traducteur.)*

Il est à remarquer cependant qu'au degré d'organisation de la science atteint jusqu'à présent, nous n'avons pas encore mentionné que Dieu est aussi la *Cause* une, propre et entière, absolue et infinie, ainsi que la *Vie* une, propre et entière, absolue et infinie. Or, puisque ces deux catégories de la *causalité* et de la *vitalité* sont comprises dans l'une et même essence entière de l'Être et que l'intimité de l'Être s'étend à toute cette essence, la causalité et la vie sont effectivement enveloppées dans la notion de la personnalité divine comme rapport intime de Dieu avec soi-même, et devront faire l'objet de prochaines déductions. Mais ici la pensée de la personnalité divine n'est envisagée qu'à son unité, sa propriété et son entièreté; ce n'est que plus tard que nous aurons à la considérer dans sa variété interne (V. Chap. IV). Du reste, par une conséquence inéluctable de la limitation de notre intelligence, nous ne saurions jamais nous soustraire à l'obligation de développer successivement et progressivement la vision de l'Être que Dieu a mise en nous; ce n'est qu'avec le temps que notre pensée peut discerner la série des catégories dans l'ordre immuable où elles existent l'une à et dans l'autre. Il nous est donc impossible de reconnaître, dès à présent et d'un coup, la personnalité divine comme causalité et, plus spécialement, comme vie et activité causale temporelle. Cet examen trouvera place dans la suite de notre exposition scientifique.

51. Puisque chaque personne se nomme *moi*, en tant qu'elle a l'intimité d'elle-même, on peut dire dans une acception semblable: *Dieu est pour lui-même Moi* ou *l'Être est le Moi absolu et infini*. Comme il est l'un seul et même être entier qui n'a rien hors de lui, pour qui tout rapport est intérieur, il n'existe hors de ce Moi aucun *toi*, aucun autre moi équivalent à lui. Au contraire, en ce qui concerne les êtres finis jouissant de l'intimité de leur essence, il apparaît qu'aussi vrai que chacun se reconnaît un *moi*, il connaît aussi un *toi*; et cette possibilité de connaître d'autres moi repose sur la circonstance que tel moi donné n'épuise pas l'idée, l'essence du moi.

52. Ces considérations éclaircissent le sens des spéculations de *Fichte*, la signification de la doctrine de ce pen-

seur, où il enseigne, avec un profond pressentiment de la
vérité, que le Principe de la science est le *Moi absolu*. La
seule indétermination et erreur de sa thèse réside en ce
qu'il n'y saisit pas le Moi absolu dans son juste rapport avec
le moi fini, et croit pouvoir s'en tracer l'image sur le modèle
du moi borné, en partant de ce dernier et en le posant comme
le fondement de la connaissance du Moi absolu. *Fichte* en-
trevit plus tard, en approfondissant sa pensée, que, dans la
conception du Moi absolu, se trouvait impliqué le pressentiment de Dieu, et esquissa alors une exposition nouvelle
de sa philosophie, au cours de laquelle Dieu est posé comme
le Principe. *)

53. Puisque Dieu est la Personne absolue, le Moi absolu
infini, et que les êtres raisonnables finis se discernent en lui
comme moi finis, puisque, en outre, l'on aperçoit maintenant
que Dieu se connaît et se sait être en soi-même tous les in-
dividus, tous les moi limités, il est évident que nous-mêmes,
les esprits finis, nous sommes autorisés à lui donner dans la conscience le nom: *Vous*. Il est bien entendu que nous ne con-
fondons point par là notre personnalité bornée avec la Personnalité divine et ne nous posons, à aucun point de vue,
d'après la capacité, comme les égaux de Dieu. Ainsi l'on
voit confirmé le pressentiment religieux, parfait, de l'intimité
divine, dans lequel l'esprit humain conscient de Dieu s'adresse
à lui: *Vous, mon Dieu, mon Être!* Mais le voyant a sur ce
rapport la certitude absolue, puisqu'il sait et sent que Dieu,
la Personne infinie, le connaît et l'accueille aussi dans son
cœur infini.

54. Comme l'organisme de la science n'est que l'évolution de la pensée *l'Être, Dieu,* dans toute sa sainte plénitude,
il suit que le labeur scientifique constitue pour l'esprit une
initiation à l'Être, une mise en présence de Dieu — la
religion de la pensée et de la vérité —. L'intimité une de
l'homme avec l'Être comprend la vision, c'est-à-dire la *Science,*

---

*) La théorie de la science, proclame-t-il, ne saurait se soustraire
à ce principe: „Un seul Être existe, sans plus, par soi-même,
Dieu; et cet Être n'est point l'idée morte, que nous avons exprimée précédemment, mais il enferme en soi toute la vie." (V.
Die Wissenschaftslehre in ihrem allgemeinen Umrisse, 1810, § I.)

la recherche et la construction du savoir. Oui, sainement comprise, l'investigation scientifique est une prière de l'âme *), contenue tout entière dans l'exclamation: *Être, Dieu!* par laquelle notre science a trouvé son point de départ divin (I, 252). Le vrai chercheur se sait en Dieu, marche en la présence de Dieu et ne quitte jamais des yeux la Personnalité de Dieu; il acquiert la certitude absolue que le travail scientifique est un commerce religieux et sacré ou, comme l'on dit, une *adoration de l'Être* par l'intelligence et la vérité. Il est donc impossible que la véritable méthode et la vraie science, une et entière, qui est l'organisation de la vision de l'Être sans laquelle cette science ne peut même débuter, aboutissent à l'oubli ou à la négation de Dieu; car la connaissance scientifique de l'Être est précisément la seule connaissance effective de Dieu, qui est elle-même une partie intégrante et fondamentale de l'intimité avec l'Être et de la vie d'union avec Dieu, c'est-à-dire de la *Religion* de chaque esprit, et s'impose à l'âme finie comme la condition indispensable du développement harmonique de ses rapports intimes avec la Divinité dans le sentiment, dans la volonté et la vie.**) C'est ainsi

---

*) Ici se comprend le sens profondément religieux, vraiment scientifique, de la coutume des savants indous, philosophes et mathématiciens, qui commençaient tous les ouvrages de science par une prière, par une invocation à la Divinité (V. *l'Oupnek'hat*, T. II. p. 399).

**) Au cours de l'examen de l'intimité de l'Être avec son essence, de même qu'en général de toutes les catégories divines, se révèle la différence radicale qui sépare la connaissance scientifique de Dieu ou le *Théisme philosophique* de celui qu'on nomme *Théisme de la foi rationnelle* (Theismus des Vernunftglaubens), soi-disant fondé sur „la confiance de l'homme en *sa* raison et sur le sentiment inébranlable de *sa* nature morale", fondement illusoire, terrain impropre et instable, lorsqu'il n'est pas consacré et affermi par la vue de Dieu; cette doctrine mériterait plutôt le nom de *Théisme de la foi sentimentale.* Il n'est pas de transition immédiate possible entre cette doctrine et le *Théisme scientifique,* puisque ce dernier requiert la vision absolue de l'Être, dont le fondement fait défaut dans le théisme sentimental et dont celui-ci proclame même inconsidérément et dogmatiquement l'impossibilité et l'incompréhensibilité. Ce théisme, basé sur la foi de sentiment, tel que l'ont exposé, par exemple, *Jacobi* et ses disciples, est et reste un simple

que le savoir se réconcilie avec la religion et que l'on trouve
vraie cette sentence: „Goûter à la science rend incrédule;
la boire à longs traits ramène à la foi.“

Campanella énonce une pensée analogue: „Chaque science
est une partie de la religion, et le penseur qui poursuit la
vérité, non par soif de gloire et de richesse, mais par amour
pur, travaille religieusement.“ (V. *Tennemann*, Geschichte der
Philosophie, Bd. IX, S. 368, Z. 2 ff.) *)

---

anthropomorphisme, sans base scientifique, analogue à celui qui
assimilait les hommes aux dieux et attribuait à ceux-ci des généa-
logies, des exploits, des passions, ou plutôt un *anthropothéomor-
phisme*, quelque ingénieusement qu'y évoluent les pensées et les
mots; tandis que, au contraire, le théisme vrai et pur, puisé dans
la vision absolue de l'Être, constitue plutôt, à un point de vue
subordonné, un *théanthropomorphisme*. Le théisme de sentiment
se flatte, en intervertissant les fondements, de découvrir dans
et par la nature humaine, par l'entremise de l'être humain, l'essence de l'Être qu'il avoue ne point apercevoir directement et à
l'esprit duquel il attribue des pensées humaines; le théisme de
la science, par contre, part de l'aperception de l'unité de l'Être,
voit Dieu à lui-même et *ensuite* l'homme dans, sous et par Dieu,
comme une image finie de Dieu, un reflet de la Divinité, parce
qu'il conçoit l'absurdité et l'impiété que recèle la prétention de
penser et de reconnaître Dieu comme un décalque de l'être humain étendu à l'infini. (V. *Krause*, Die Religionsphilosophie im
Verhältnifs zu dem gefühlglaubigen Theismus, 1834, 1843.)

*) Il y a très peu de gens, dit *Malebranche*, qui sachent avec évidence
que ce soit s'unir à Dieu, selon les forces naturelles, que de connaître la vérité; que ce soit une espèce de possession de Dieu
même que de contempler les véritables idées des choses, et que
ces vues abstraites de certaines vérités générales et immuables
qui règlent toutes les vérités particulières soient des efforts d'un
esprit qui s'attache à Dieu. . . La métaphysique, les mathématiques pures, et toutes les sciences universelles qui règlent et renferment les sciences particulières, comme l'être universel renferme
tous les êtres particuliers, paraissent chimériques presqu'à tous
les hommes, aux gens de bien comme à ceux qui n'ont aucun
amour pour Dieu. De sorte que je n'oserais presque dire que
l'application à ces sciences est l'application à l'esprit de Dieu, la
plus pure et la plus parfaite dont on soit naturellement capable,
et que c'est dans la vue du monde intelligible qu'elles ont pour
objet, que Dieu même connaît et produit ce monde sensible, duquel les corps reçoivent la vie comme les esprits vivent de l'autre.
(*Recherche de la vérité*, L. V, Ch. V.) (*Note du traducteur.*)

55. Ici se pose une question importante: Sommes-nous bien sûrs que les catégories discernées jusqu'à présent à l'essence forment l'organisme complet de l'unité de cette dernière? De même que la vérité de chacune de ces catégories apparaît, de soi, adhérente à l'essence qui est à l'Être, de même aussi la pensée de l'organisation et les idées de la perfection et de la plénitude devront être puisées au fonds même qui les contient. Ce nouveau point de vue ressortit à un théorème spécial de la prochaine déduction partielle; il suffit, pour le moment, de voir que l'Être est essence, l'essence unité, et que l'unité de l'essence est et réunit les catégories particulières que nous y avons découvertes.

Résumé de la première déduction.

56. Récapitulons les diverses propositions de la première déduction. Nous avons vu que *l'Être est* ou *a essence*, et à l'essence, *unité*; à l'unité, unité suprême, propriété, entièreté et unité harmonique d'essence; puis, *forme* ou *position*; à la position, unité de position ou numérique; à l'unité de position, unité suprême, direction, contenance et unité harmonique de position; puis, *existence*, et à l'existence, unité; à l'unité d'existence, unité suprême, existence propre (absolue) avec sa direction, existence entière (infinie) avec sa contenance, et existence harmonique. Enfin, *l'Être comme Être, comme soi, est intime à soi-même, à son essence*; et cette intimité apparaît intimité suprême, intimité propre ou connaissance, intimité entière ou sentiment, et intimité harmonique ou sentiment conscient et conscience affective.

Les figures schématiques (I) gravées sur la planche qui termine le tome I représentent ces diverses notions.

57. Les précédentes déductions forment la *partie supérieure* de la *doctrine de l'Être* ou *de Dieu*, de la Théologie, que l'on pourrait nommer encore le *Théisme scientifique* ou *philosophique*, ou le *Théisme*, sans plus, puisque la science de Dieu est, comme Dieu, une et unique.*)

---

*) Ainsi, direz-vous, l'homme qui cultive la science, le philosophe seul est capable de la connaissance pure de Dieu, et sait professer le vrai théisme? Assurément, puisque dans chaque branche et dans chaque domaine de la science, celui-là seul sait véritablement

Chapitre II.

Deuxième déduction partielle: Ce que l'Être est en soi. L'Être considéré dans sa variété.

---

58. Après l'examen des catégories de l'unité et de la simplicité de l'Être, surgit le problème: *Parfaire la vision de ce que l'Être est en soi, dans sa variété et sa diversité.* Pour suivre la marche régulière, il faudra (I, 297 et ss.) d'abord énoncer la solution complète du problème comme déduction partielle, c'est-à-dire la vision purement déductive de la question; puis, définir la véritable signification des mots qui se seront imposés; ensuite, nous éluciderons la déduction même du théorème; enfin, il restera à effectuer sa construction, c'est-à-dire à découvrir en nous l'intuition de son objet et montrer à quels termes de la déduction correspondent ceux de l'intuition.

Théorème I.

59. La déduction donne, d'après la pure considération des catégories de l'essence (Chap. I), le théorème qui suit: *L'Être est en soi être opposé ou varié et être composé ou harmonique,* en sorte que, dans son intérieur, il se trouve deux êtres subordonnés à lui et coopposés en lui, l'un et même être entier; lesquels sont à soi, à leur unité, identiques d'essence, mais s'opposent aussi mutuellement l'un à l'autre en ce que l'un a ou est l'unité de l'essence comme propriété,

---

qui voit avec évidence. Mais la science enseigne aussi l'art d'amener, avec l'aide de Dieu, les hommes et les peuples à la pure vision de la Divinité et de leur montrer qu'ils ne voient encore Dieu et ne croient à Dieu que *par pressentiment.* L'être humain, les nations et l'humanité n'apprennent à connaître Dieu que de lui et par lui („qui parle à l'esprit, qui instruit la raison"); il est la Vérité une, simple, la plus facile à saisir pour chaque intelligence, tandis que la variété des choses particulières, auxquelles l'enfant déjà doit s'initier, est, à coup sûr, moins aisée à comprendre, et cela est vrai surtout de celles où règnent encore la confusion et l'erreur (I, 209, note).

l'autre, par contre, comme entièreté; c'est-à-dire que l'un manifeste l'unité de l'essence sous le caractère de la propriété,
l'autre, par contre, sous le caractère de l'entièreté. En tant
qu'il existe au dessus de l'opposition des deux êtres coopposés
qu'il est en soi, avec l'unité suprême de son essence, il est
l'Être suprême, distinct de ces deux êtres qu'il domine et
qui sont ses membres. Puis, comme Être suprême, il est
aussi uni à lui-même en tant qu'il est en et sous soi chacun
des deux êtres opposés; ces derniers sont unis entre eux, et
l'Être suprême est uni à chacun d'eux et aussi à leur être
d'union. Comme être harmonique de ces êtres unis, l'Être
est parfaitement identique à soi-même. Enfin, il se trouve
cet organisme de l'être en unité, une fois seulement [T. I,
planche, (I), o].

60. Abordons immédiatement l'explication déductive du
contenu de ce théorème, c'est-à-dire de *l'organisme un des
êtres en Dieu.*

1°. La pensée de *l'opposition*, de la *diversité*, de la *variété*
de l'Être dans son intérieur, s'impose de soi-même, sans conditions (I, 10), se laisse voir à nu, et ne peut s'établir sur
un terme moyen; car, nous ne saurions trop le répéter,
aucune catégorie de l'Être ne se tire de quelque objet
supérieur ou étranger à elle, c'est-à-dire ne se démontre,
par la raison que l'Être même, du seul chef de son essence,
est le fondement un de tout. Pour ce qui concerne l'opposition en particulier, elle se préconçoit également comme
une catégorie de l'Être, à laquelle on recourt pour la démonstration scientifique de chaque objet fini; aussi est-ce à
l'encontre de la science qu'on cherche à déduire *l'antithèse*
ou la *différence* de l'unité saisie comme identité: la *diversité*
dans l'unité de l'essence est une catégorie divine aussi bien
que la propriété, la qualité propre de l'unité de l'essence, ou
l'identité de l'essence.

2°. Cependant nous pouvons et devons préciser, par la
considération de ses rapports, cette pensée de *l'opposition* de
l'Être. On voit que l'opposition ne se conçoit pas *à* Dieu,
n'affecte pas son unité, comme si Dieu même se posait en
face d'un autre objet, étranger à lui-même. Puisqu'elle renferme implicitement les pensées de la dualité et de la diversité,

cette catégorie ne peut exister *à* l'Être, car l'Être n'a *hors de soi* ni parité ni disparité; mais elle subsiste *en* ou *dans* l'Être, conformément au sens strict attribué à la préposition *en* ou *dans* (I, 241).

3°. L'opposition étant dans l'essence même, elle suppose les pensées: l'un *et* l'un; et, à la vérité, d'abord d'après l'essence: l'un de la même essence que l'un; ensuite, d'après la position: *un* et *un*, c'est-à-dire *deux*; bref, si l'on réunit ces points de vue: le *premier* et le *second*, tous deux identiques selon l'essence. Identiques, puisque tous deux sont de l'essence de l'Être, laquelle est une. Mais alors s'ajoute la pensée: *l'un* est *l'autre* du second, et le second est l'autre du premier, c'est-à-dire le premier, *comme soi*, est ce que le second, *comme tel*, n'est point, et vice-versâ. De plus, tous deux sont réciproquement *l'un et l'autre, le premier et le second*; relation de forme, qui est la coordination réciproque, le rapport de deux choses coordonnées mutuellement, posées l'une à côté de l'autre, et qui, saisie de concert avec la première relation d'essence, de se trouver réciproquemeut autres, est la relation qu'on exprime: *coexister réciproquement autres*.

Nous rencontrons donc conjointement, à l'essence identique affirmative des deux membres de l'opposition, la *négativité* ou la *négation*, l'essence différente négative, en discernant que l'un est ce que l'autre n'est point, en voyant que tous deux sont entièrement le même être et que néanmoins chacun aussi, au regard de son coordonné, est l'autre. Nous reviendrons plus tard à l'examen de ce rapport.

4°. Comparons à l'Être même les deux membres de son opposition interne. Tous deux sont coopposés et coordonnés l'un à l'autre, mais chacun ni tous deux ne sont, comme termes de cette antithèse, opposés à l'Être même; ils ne sont pas l'un et l'Être, l'autre: l'Être est *en* soi les deux et ne se trouve point ne pas être en soi les deux. Dès lors, on ne peut dire: l'Être est l'un *ou* il est l'autre, mais purement: l'Être est l'un *aussi bien que* l'autre; bref, il est *en* soi les deux. Cependant il serait foncièrement faux de dire: *il est les deux*, puisque cette locution nierait l'unité supérieure de l'essence divine.

De là ressort aussitôt qu'il est inconcevable que Dieu

ne se trouve en soi ou n'ait en soi qu'*un* être subordonné;
en d'autres termes, il est impossible que l'opposition interne
dans l'Être n'ait qu'un membre, parce qu'il est impossible
de comprendre que ce membre un et unique manifeste son
opposition par rapport à l'Être (bien qu'il soit vrai qu'un objet
ne peut avoir son contraire ou son opposé que *dans* l'Être);
car l'Être, comme l'un et même entier, n'est rien d'autre,
par suite, ne saurait se comporter, au regard d'autrui, ni
comme identique ni comme différent.

En voyant ainsi que l'Être est *en* soi, dans son intérieur,
ses deux êtres coopposés, on saisit la relation de forme ou
de position exprimée par la préposition *sous*, c'est-à-dire le
rapport de subordination, l'ordre de dépendance de l'inférieur
au supérieur; on voit que l'Être est *en* et *sous* soi les deux
êtres coordonnés qui sont réciproquement autres. Il est donc
impossible d'acquiescer à l'opinion de *Hegel*, lorsqu'il enseigne
que l'*Idée absolue* ou, d'après sa propre définition, Dieu,*)
s'oppose à elle-même, et, à la vérité, se pose comme autre,
comme extérieure à elle-même, dans un seul membre, à savoir
dans la Nature; que l'Idée absolue, l'Être, n'est pour soi comme
autre, c'est-à-dire n'est hors de soi, que la Nature. Au contraire, l'Être même n'est pour soi rien d'autre, ne s'oppose
à rien, puisqu'il a unité absolue d'essence, et bien qu'il se
trouve *en et sous soi* deux êtres qui s'opposent l'un à l'autre.

5.⁰. Ainsi la négation qui affecte les deux êtres internes
opposés n'est relative et réciproque que *pour eux*; en ce qui
concerne Dieu, on ne nie rien, on affirme tout; ce que le
premier des deux êtres opposés n'est point, l'autre l'est par
le fait même, et réciproquement; mais *l'un* aussi bien que
l'autre est *en* et *sous* Dieu; pour l'Être même, tous deux sont
affirmatifs. Conséquemment, en posant que chacun d'eux est
négatif par rapport à l'autre, on ne regarde en aucune façon
Dieu comme entaché de négation, circonscrit dans des limites;
la pensée de la propriété et de l'entièreté de l'Être demeure
intacte.

6⁰. Les deux êtres opposés internes ne sont pas, comme
tels, l'Être conçu à son unité, sa propriété et son entièreté;

---

*) V. *Hegel*, Encyclopädie der philosophischen Wissenschaften, 1827.

c'est-à-dire qu'ils sont *distincts* de Dieu, ou plutôt l'on distingue Dieu comme étant en et sous soi ces deux êtres; par suite, l'on voit l'Être exister *au dehors* et *au dessus* de ces derniers, comme *Être suprême*, et, en cette qualité, il s'oppose et s'unit à chacun d'eux. On discerne ici les *deux membres accouplés de l'antithèse subordonnée*, que nous figurons par les cercles *u* et *i* qui se regardent [T. I, planche, (I)]. Mais la pensée de l'*Être en tant que suprême* ne doit pas se confondre avec celle de l'*Être un, propre et entier:* à l'un de ces égards, il est en et sous soi les deux êtres *coordonnés*, tandis que, à l'autre égard, il n'est point ce que sont les deux êtres qui se trouvent *subordonnés* à lui. Si donc l'*Être* est appelé *Dieu*, ce nom, sans plus de qualification, ne lui convient point lorsqu'on l'envisage comme l'Être qui existe antérieur et supérieur à l'univers, à l'ensemble des choses particulières; il faut alors le dénommer: *Dieu comme Être suprême* ou simplement *l'Être suprême*, suivant l'expression reçue.*)

7°. Les deux êtres coordonnés sont de l'essence de l'Être: il est ces êtres dans sa variété. Or l'Être est son essence, c'est-à-dire qu'il a unité d'essence, et à celle-ci unité suprême, propriété, entièreté et unité harmonique; puis, position et unité de position, unité suprême de position, direction, contenance et unité harmonique de position ou de nombre. Par suite,

---

*) Dans le second âge de l'Humanité, l'homme commença par considérer chaque être de l'univers comme divin, c'est-à-dire comme existant à et en soi-même, conception qui, confondue avec la pensée *Dieu*, dont le souvenir s'était obscurci, engendra le polythéisme, la pluralité des dieux ou plutôt des idoles. Ensuite, la pensée supérieure de Dieu conçu comme l'Être divin au dessus et au dehors de l'univers ou l'Être suprême, devient l'idée directrice de la vie des peuples civilisés; l'Humanité s'élève à la conception de l'union parfaite de Dieu, comme l'Être suprême, avec l'univers existant sous et hors de lui, et surtout avec l'Humanité, douée de l'intimité avec lui. Mais la pensée de Dieu comme l'un seul et même être entier, infini et absolu, qui, comme tel, est en et sous soi, et de plus, comme Être suprême, hors et sous soi, l'organisme des êtres finis, c'est-à-dire l'univers, et qui existe en union parfaite avec cet organisme, cette pensée, dis-je, annonce l'avènement du troisième âge — celui de la maturité, celui de l'essor harmonique de la pensée, du sentiment et de la volonté, de la science, de l'art et de l'industrie.

puisque les deux êtres cooposés sont de l'essence de l'Être, en vertu de l'unité de celle-ci ils participent également de cette essence en tant que distincts, et, comme tels, affectent toutes les catégories précitées; ils ont donc aussi l'unité harmonique de l'essence et du nombre; ils existent unis l'un à l'autre et l'un dans l'autre, ils constituent un être d'union harmonique selon toute leur essence, d'après la propriété et la direction comme aussi d'après l'entièreté et la contenance; ils se dirigent réciproquement l'un vers l'autre et se contiennent, se pénètrent mutuellement.

En vertu du même fondement, de l'unité de l'essence de l'Être, des rapports semblables existent entre l'Être suprême et l'un et l'autre des êtres coordonnés; d'où découle la conception de deux nouveaux êtres d'union subordonnés, à savoir l'Être suprême uni avec l'un, puis avec l'autre des deux êtres qui s'opposent entre eux.

Enfin, l'harmonie de l'essence de l'Être s'étendant aussi à l'être d'union de ces derniers, on voit surgir la vision de l'Être suprême uni à cet être d'union.*)

8°. Il faut déterminer l'essence selon laquelle les deux êtres coordonnés sont réciproquement autres, c'est-à-dire reconnaître en quoi ils se distinguent l'un de l'autre, bref leur *différence*. Tous deux sont de l'essence de l'Être; partant, ils offrent l'intégralité de cette essence et de ses catégories et, à ce point de vue, ils sont complètement identiques.

De ce qu'ils participent à toute l'essence de l'Être, il suit que leur opposition sera celle que cette essence manifeste à soi, à son unité: d'après les précédentes déductions, cette essence est propriété et entièreté; donc, les caractères distinctifs fondamentaux des deux êtres internes coordonnés se déterminent d'après ces catégories de la propriété et de l'entièreté; l'un est caractérisé par la propriété, l'autre par l'entièreté; en d'autres termes, ce que l'un a et l'autre n'a point de même que le premier, c'est la propriété; par contre, ce que le second a et le premier n'a point de même que le second, c'est l'entièreté. Mais, chacun possédant toute l'essence de l'Être, conséquemment la propriété et l'entièreté, et tous

*) Représenté par le segment de sphère *a* [T. I, planche, (I), o].

deux ne pouvant cependant se différencier que d'après ces
catégories, leur opposition consistera dans la diversité du
rapport que présentent en eux la propriété et l'entièreté:
chez l'un, la caractéristique sera la manière dont l'entièreté
se rapporte à la propriété, en sorte que la propriété s'y
trouvera l'élément déterminant, prépondérant; chez l'autre,
la distinction sera marquée par la manière dont la propriété
se rapporte à l'entièreté, qui y sera l'élément déterminant.
Et si l'on rapproche ensuite dans la pensée ces deux rapports
opposés, on obtiendra le caractère distinctif de l'être d'harmonie des deux précédents.

9°. Il reste à examiner la dernière partie du théorème,
à savoir que l'Être n'est qu'une fois cet organisme des essences.
L'Être n'est que son essence, qui se révèle une de fond et
de forme; puisque ainsi l'unité d'essence avec l'unité de
nombre est *une seule et même entière*, par suite, englobe tous
les êtres et les essences qui existent à et dans l'Être, de
sorte que chacun a unité d'après l'essence et le nombre;
l'Être comme opposé et harmonique en soi n'existe aussi
qu'un et une seule fois; il est l'organisme un et unique
de l'être.

61. Tel se présente, dans la déduction des catégories de
l'unité divine, l'organisme un des êtres en Dieu. Il reste à
en découvrir le contenu par l'intuition. Pouvons-nous affirmer,
dès à présent, que la vision intuitive de cet organisme doive
se rencontrer nécessairement dans notre intelligence finie?
La construction synthétique ne nous y autorise pas encore,
puisque la notion de l'intelligence finie n'a pas été déduite
jusqu'ici. Néanmoins, comme chacun se rend témoignage
d'apercevoir intuitivement des choses finies, déterminées, et
que nous avons, au cours de l'analyse, classé avec ordre
dans la conscience les intuitions qui cadrent à notre plan,
comme en outre nous avons reconnu, par la vision de l'Être,
que nous sommes nous-mêmes, avec toutes nos notions et nos
pensées, contenus dans et sous lui, l'examen analytique nous
conduit à porter la vue sur l'ensemble de nos intuitions
d'êtres et d'essences et à regarder si nous en trouvons qui
répondent aux termes déduits dans ce théorème. ⸺⸺⸺

Je pose en fait qu'il en est ainsi. — D'abord nous avons

la conscience de notre moi, dans la distinction de l'esprit et
du corps, ainsi que dans leur harmonie comme être humain
(I, 52 et ss.). — Puis s'est offerte, d'une part, la vision d'une
nature extérieure au moi, laquelle, il est vrai, apparaît dans
la perception sensible complètement finie et se manifeste
dans un champ restreint sous le rapport de l'espace, de la
durée et de la force, mais que la pensée nous suggère aussi
comme un être déterminé absolu et infini dans son genre.
La vérité des phénomènes particuliers de la nature qu'il
observe, chacun l'accepte, en général, sans plus de difficulté
que celle des phénomènes de sa propre vie. Faut-il de même
accorder légitimité à la pensée de la Nature absolue et infinie? C'est là un point dont nous avons dû différer la
solution (I, 158), parce que l'intuition individuelle n'étreint
pas la Nature absolue et infinie, avec l'infinité de ses objets
et de ses productions. — De l'autre part, avons-nous vu
(I, 157), chacun de nous ne se reconnaît point seul comme
être raisonnable individuel; il remarque aussi dans l'intuition
qu'un nombre fini, bien qu'incommensurable déjà, d'autres
êtres intelligents ou d'esprits se trouvent avec lui, par l'intermédiaire du corps, en union réciproque de vie intellectuelle.
Assurément, dans l'intuition, ce domaine des esprits se présente limité quant au nombre de ces derniers et au contenu
de leur vie; mais cependant à notre conscience s'impose aussi
la pensée idéale du règne infini des esprits, qui seraient
enveloppés dans l'Esprit un et infini. La valeur objective
de notre vue propre sur ce domaine fini de l'observation
individuelle, de l'intuition, nous l'admettons encore avec
autant d'évidence que celle de la connaissance de nous-
mêmes. Mais peut-on attribuer la valeur de fait à la pensée
du règne infini des esprits et de l'Esprit infini qui les englobe? C'est ce que nous n'avons su décider, parce que
notre observation, comme intuition d'esprits bornés, qui n'embrasse à tous égards que le fini, et encore dans une mesure
limitée, ne saurait atteindre jusque là. — Enfin nous nous
sommes reconnus hommes (I, 159), c'est-à-dire êtres d'union
d'esprit et de corps, et nous avons considéré en outre le
corps comme un être substantiel s'opposant à l'esprit et une
création interne de la nature. Puis, aussi vrai que chacun.

4*

s'aperçoit et se reconnaît homme, aussi vrai convient-il
d'apercevoir et de reconnaître une pluralité finie d'êtres
humains, qui coexistent et vivent à ses côtés, dont une partie
forme déjà avec lui un corps social sur cette terre et dont
le restant doit encore y accéder. De plus, nous avons vu
surgir, à son tour, la pensée idéale d'une Humanité infinie,
répandue par la Nature et l'Esprit entiers, l'idée de l'Humanité universelle en Dieu, idée dont la légitimité a donné
lieu aux mêmes remarques que celles de la Nature et de
l'Esprit infinis.

62. Il faut signaler ici un point que précédemment nous
avons à dessein laissé en suspens. L'homme est (I, 159) un
être individuel d'union de l'esprit avec le corps organique;
dès lors aussi l'Humanité, un être d'union du règne des
esprits avec le genre corporel organique. Cependant cette
observation ne nous permet pas d'affirmer que l'homme et
l'Humanité constituent tout l'être d'harmonie de l'Esprit et
de la Nature: même du point de vue de la conscience purement intuitive, le règne de l'*animalité* s'impose comme une
nouvelle sphère de l'union de l'Esprit et de la Nature, d'une
essence spirituelle avec une essence corporelle. Si donc nous
avons remarqué (I, 161) que tout objet spécial perçu dans
la pure intuition est renfermé dans les trois pensées fondamentales: Esprit, Nature et Humanité, il fallait y sous-
entendre que cette remarque n'exclut point de la pensée
de l'harmonie de l'Esprit et de la Nature la possibilité de
l'existence d'êtres d'union différents de l'homme et de l'Humanité, si l'on présuppose qu'il puisse nous en être révélé
par l'intuition, la déduction et la construction. Quand même
cela serait, il n'en est pas moins vrai que tous les objets
trouvés jusqu'à présent dans notre intuition, abstraction faite
de l'Être infini et suprême, sont impliqués dans l'Esprit, la
Nature et l'Humanité, fût-ce à côté d'autres êtres harmoniques encore à reconnaître.

63. Ici se place donc la question intuitive: La Nature,
l'Esprit et l'Humanité, sous l'Être suprême, tel que Dieu est
conçu au dessus de ces êtres, constituent-ils l'organisme des
êtres supérieurs que nous venons de déduire, ou faut-il admettre qu'entre eux et l'Être comme suprême existent d'autres

êtres plus élevés encore, qui ne se rencontreraient pas dans
notre conscience actuelle ou que nous pourrions ne jamais
découvrir? C'est ce qu'on verra bientôt, si l'on se rapporte
à ce que l'intuition nous dévoile comme le fondement de
l'opposition de l'esprit et de la nature, savoir qu'à l'essence
de l'esprit la propriété se trouve, dans la relation de la
propriété et de l'entièreté, avoir la préséance, être l'attribut
déterminant, prépondérant, caractéristique; lequel, par contre,
pour le corps et les productions naturelles, est l'entièreté.
Cette opposition se décèle d'abord en ce que, d'une part, les
esprits individuels se savent essence propre et vivent comme
substances propres les uns à côté des autres, puisque chacun
peut se déterminer de soi, librement, d'après l'idéal et l'éternel;
en ce que, d'autre part, les corps ne sont nullement indé-
pendants les uns des autres, prennent naissance dans l'entièreté du genre, vivent et se développent dans son ensemble
en liaison continue et forcée de tous avec tous. Puis, l'opposition d'essence, le cachet distinctif de l'esprit et de la nature
se révèle aussi à la loi de leur évolution interne: l'esprit
crée spontanément dans l'imagination chaque objet d'après
la notion individuelle qu'il s'en fait, il est capable de se
représenter dans la fantaisie de simples formes, en sorte que
chacune de ses productions a propriété pure; tandis que, par
contre, on voit la nature constituer dans son sein chaque
chose d'une pièce, en un acte, pour ainsi dire, de sorte qu'à
ses produits le fond et la forme, la matière et la figure,
restent indissolublement entiers et unis.*) Il apparaît ainsi,
par l'intuition immédiate, que l'esprit et la nature s'opposent
précisément selon le mode que, dans ce théorème, nous avons
déduit de la vision de l'Être; et de même l'on constate que
cette essence opposée de l'esprit et de la nature s'unit in-
timement dans l'humanité, laquelle, en conséquence, d'après
sa notion intuitive, répond exactement à l'essence déductive
de l'être harmonique en Dieu. Bref, Dieu est en soi tout
ce que nous voyons, ainsi également Esprit, Nature, Humanité, et cette trinité d'objets s'accorde avec les êtres

---

*) L'Esprit consiste dans la propriété et cherche l'entièreté. — La
Nature consiste dans l'entièreté et cherche la propriété.

fondamentaux déduits en Dieu; or, Dieu n'est en soi cet organisme qu'une fois seulement (60, 9°); par conséquent, les trois seuls êtres donnés par la déduction sont ceux qui se dévoilent plus ou moins à nous dans l'intuition, comme Esprit, Nature et Humanité. À propos du dernier, il ne faut pas perdre de vue la remarque faite ci-avant, à savoir qu'en discernant dans l'homme et l'humanité des êtres d'union de l'esprit et de la nature, nous ne certifions point que toute l'harmonie de l'esprit et de la nature s'épuise dans l'être humain: cette question réclame un examen ultérieur et approfondi.

64. Après avoir noté les termes de l'intuition qui correspondent à ceux de la déduction, nous obtiendrons l'énoncé constructif de ce théorème, en rapprochant des expressions générales de la déduction les noms de l'intuition: *L'Être, comme l'un et même entier, est en soi être d'opposition ou varié et être d'union ou harmonique; il se trouve en soi deux êtres subordonnés et distincts, l'Esprit et la Nature (i et e), lesquels, tout en étant, à l'égard de l'unité de l'essence, identiques, s'opposent réciproquement l'un à l'autre; et cela de telle manière que, dans le rapport de la propriété et de l'entièreté commun aux deux et inhérent à chacun, l'unité de l'essence se pose ou s'accuse, pour l'Esprit, comme propriété, pour la Nature, au contraire, comme entièreté; en d'autres termes, qu'à l'Esprit l'entièreté est déterminée d'après la propriété, la catégorie prépondérante, qu'à la Nature la propriété est déterminée d'après l'entièreté. Alors l'Être, comme englobant ses êtres internes, opposés et coordonnés, l'Esprit et la Nature, se distingue aussi de soi-même en tant que seul et même être entier, c'est-à-dire existe aussi Être suprême (u). Puis, comme suprême et comme réunissant en soi ses deux êtres internes coordonnés, il est Être suprême sous deux aspects, à savoir Être suprême (u) par rapport à l'Esprit (i) et Être suprême par rapport à la Nature (e). Ensuite, en tant que suprême, il est uni avec soi-même comme étant en et sous soi l'Esprit et la Nature, c'est-à-dire Être suprême uni à l'Esprit (ü) et Être suprême uni à la Nature (ö). Enfin, uni avec soi-même comme étant en et sous soi l'harmonie de l'Esprit et de la Nature (u avec ä), c'est-à-dire uni avec l'être harmonique de l'Esprit et de la*

*Nature (a), dès lors aussi avec l'Humanité. Comme uni avec
cet être harmonique, il est l'Être d'harmonie parfaite. Et il
est tout cet organisme de l'être dans l'unité de son essence, une
fois seulement.*)*

Scolies.

65. L'Être, disons-nous, est l'Esprit ou l'être spirituel,
la Nature ou l'être corporel, et l'être d'harmonie de l'Esprit
et de la Nature unis entre eux et avec lui-même comme
suprême. Par conséquent, il ne saurait être question de
l'Esprit, de la Nature et de l'Humanité *pour soi,* comme êtres
subsistant séparément *par soi,* mais seulement comme êtres
particuliers intégrants de l'Être; il n'existe qu'un Être qui
est en soi tout son domaine.**)

66. Quelques remarques historiques au sujet de ce
théorème.

---

*) Il ne faut pas confondre *l'organisme de l'Être* avec *l'univers* ou
l'ensemble des choses, ainsi qu'il a été expliqué déjà (I, 240, note).
L'Être comme suprême n'*appartient* pas à l'univers, bien qu'il soit
uni à l'univers.

**) On ne peut donc adorer, pour eux-mêmes, ni l'Esprit ni la Na-
ture ni l'Humanité: le culte appartient à Dieu seul en tant qu'il
est ces êtres en soi. Tels qu'on les comprend communément, la
nature et l'esprit n'existent point et ne représentent rien. Sans
doute, l'intimité avec Dieu embrasse tout le domaine de l'Être;
mais, même comme telle, cette intimité se voue et s'adresse purement et uniquement à Dieu; en elle aussi, l'hommage se rend à
Dieu seul.

D'où il suit, au sujet de la Cosmologie, que l'Esprit et la Nature ont une existence objective, puisqu'ils sont contenus dans
l'essence une et entière, et qu'ainsi le *matérialisme* et *l'idéalisme*
sont des doctrines exclusives. D'où il suit encore que la Nature,
l'Esprit et l'Humanité sont à la fois distincts de Dieu et unis à
Dieu et qu'ainsi le *panthéisme* et le *dualisme* sont des doctrines
erronées: le *Panenthéisme* seul est vrai. D'où il suit enfin, au
point de vue de la Logique, que nous connaissons l'essence de
l'univers telle qu'elle est et telle qu'elle doit être, et qu'ainsi notre
pensée est organisée en harmonie avec la réalité. Le *scepticisme*
et le *criticisme* de *Kant* sont, à leur tour, dans l'erreur: le *dog-
matisme* prétend à juste titre que la vérité est possible pour nous
au sujet de l'ensemble des choses (V. *Tiberghien,* Introduction à la
Philosophie, Ch. VI, I, 2). *(Note du traducteur.)*

Une première se rapporte à l'opposition de l'Esprit et
de la Nature. *Schelling* constituait la Nature comme l'unité
de l'idéel (spirituel) et du réel (corporel) dans le réel, ou de
l'infini et du fini dans le fini; l'Esprit, au contraire, comme
l'unité de l'idéel et du réel dans l'idéel, ou de l'infini et du
fini dans l'infini*); et cette relation opposée de l'Esprit et
de la Nature, *Schelling* l'appelait improprement la prépon-
dérance réciproque *quantitative* de l'idéel et du réel, car c'est
là une différence *qualitative.* Dans mon *Essai sur le système
de la philosophie,* 1803,**) j'avais déterminé comme suit la
caractéristique de l'Esprit et de la Nature: La Nature est
l'unité de l'infini et du fini dans l'infiniment-fini (l'individuel) qui existe et se forme, dans le même tout infini,
entièrement et tout d'une fois, conjointement avec toutes les
autres choses finies; l'Esprit, par contre, d'une manière
opposée. Ici déjà intervenait une conception exacte de l'entièreté et de la propriété, mais seulement à l'égard d'une
catégorie spéciale; la propriété et l'entièreté forment de part
en part l'opposition de l'Esprit et de la Nature, et non
simplement l'opposition qui affecte le rapport du fini avec l'infini.

Une seconde remarque concerne la notion *Être suprême*
et ensuite les notions *essence suprême, position suprême,
existence suprême,* qui, avec leur juste valeur, sont particulières à notre théorie scientifique. L'élucidation de ces
catégories met fin à la longue dispute que suscita la question
du rapport de Dieu avec l'univers: Dieu est-il ou non un
être étranger à l'univers, extra-mondain, et l'univers un être
étranger à Dieu, extra-divin? En faisant la distinction de
l'Être pur et de l'Être comme suprême, on discerne que
Dieu, l'un seul et même Être entier, l'Être infini, n'existe ni
au dehors ni au dessus ni à ni dans l'univers, mais que, au
contraire, il est en, sous et par soi l'univers; puis, que Dieu,
comme Être suprême, existe au dehors et au dessus du
monde, et le monde hors de lui, distinct de lui comme Être

---

*) V. l'*Exposition de son système (Zeitschrift für speculative Physik,*
II. Bd., 2. Heft, 1801; et les *Développements du système de la
philosophie (Neue Zeitschrift f. spec. Ph.* I. Bd. 2. Stück, 1802).

**) *Entwurf des Systems der Philosophie; Naturphilosophie* 1894,
S. 33 ff.

suprême; et enfin que Dieu, l'Être suprême, est uni à l'univers, à l'Esprit, à la Nature et à leur être harmonique, dès lors aussi à l'Humanité; — et par là se trouve posé le fondement de la *théorie de la Religion*, dont l'objet est le rapport effectif de l'Esprit, de la Nature et de l'Humanité avec Dieu, ainsi que le germe de la connaissance scientifique de Dieu comme *Providence*, par laquelle se clôturera notre exposé de la partie supérieure de l'organisme de la science.

Théorème II.

67. Dans ce théorème nous avons à considérer *l'essence de l'Être d'après l'opposition et l'union*, la variété et l'harmonie. Il s'énonce comme suit: *De la même manière que l'Être est l'organisme de l'être, l'essence de l'Être est l'organisme de l'essence, sa position l'organisme de la position et son existence l'organisme de l'existence.*

Que l'essence est aussi, dans son unité et selon toutes ses catégories particulières, affectée d'opposition et d'union, on le reconnaît sur le champ au fait que l'essence et l'Être se valent. Afin d'embrasser d'un coup d'œil les divers points à éclaircir dans ce théorème, nous en consignerons le système complet dans le tableau suivant, lequel indique également les corollaires que nous aurons à développer*):

Essence		
Unité de l'essence		
Unité suprême	dans la position	
Propriété, Entièreté	pure	
Unité harmonique	(la thèse)	
de l'essence		
Position		
Unité de la position		
Unité suprême	dans l'opposition	sous
Direction, Contenance	(l'antithèse)	(subordinative)
Unité harmonique		
de la position		

*) V. T. I, 257, note.

Existence		à côté
Unité de l'existence		(coordinative)
Unité suprême		
Existence Existence	dans la composition	
de de	(la synthèse)	
direction, contenance		
Unité harmonique		sous-à côté
de l'existence		(subcoordinative)*)

Il faut envisager l'essence d'abord comme unité; puis l'unité de l'essence selon ses catégories particulières subséquentes, c'est-à-dire comme unité suprême, propriété ou unité propre, entièreté ou unité entière et unité harmonique de l'essence. De même pour la position et l'existence.

Tel est le tableau complet des catégories de l'Être que nous avons énumérées déjà dans l'analyse (I, 214). Cet organisme et chacun de ses membres sont à considérer d'abord à leur une et même essence entière et à leur une et même position entière; puis, comme offrant opposition ou antithèse et composition ou synthèse; et, à la vérité, opposition et composition selon les aspects distincts de la subordination, de la coordination et de la subcoordination.

Premier corollaire.

68. *L'essence est à soi, à son unité, essence pure, posée sans*

---

*)

Wesenheit		
Wesenheiteinheit	ungegenheitlich	
Wesenheitureinheit	(or)	
Selbheit, Ganzheit		
Wesenheitvereinheit		
Satzheit	gegenheitlich	ab (unter)
Satzheiteinheit	(gegen, ant)	(subordinative)
Satzheitureinheit		
Richtheit, Fassheit		
Satzheitvereinheit		
Seinheit	vereinheitlich	neben
Seinheiteinheit	(mäl)	(coordinative)
Seinheitureinheit		
Verhalt- Gehalt-		
Seinheit , Seinheit		abneben (unterneben)
Seinheitvereinheit		(subcoordinative)

distinction; puis, en soi, dans sa variété, essence opposée et essence composée ou harmonique, avec subordination, coordination et subcoordination.*)

Considérée dans l'opposition de subordination, au point de vue de la dépendance de ses éléments à l'égard d'elle-même, elle est *essence suprême;* d'après l'opposition de co-ordination, elle est *essence coopposée* ou *variée;* d'après l'union des catégories opposées, elle est *essence composée* ou *harmonique.*

En parlant de choses qui présentent une opposition mutuelle, on emploie les termes *espèce, spécialité* et aussi *qualité;* deux objets qui s'opposent l'un à l'autre diffèrent d'espèce, ont une spécialité ou une qualité différente.**)

La proposition qui nous occupe se résume dans le tableau suivant:

Essence.

Essence opposée ⎤ sub ⎫
         co ⎬ ordonnée.
Essence composée ⎟ subco ⎭

69. Passons à la détermination des catégories ultérieures qu'on distingue à l'essence. *L'unité* de l'essence est, comme l'essence,

---

*) On obtient ce corollaire, d'après notre tableau synoptique, en combinant le premier terme de la première colonne avec chacun des termes de la deuxième, puis les deux derniers termes de la deuxième colonne avec chacun de ceux de la troisième.

**) On ne saurait donc dire de Dieu qu'il est un être d'une espèce ou d'une qualité particulière; car, s'il en était ainsi, Dieu devrait se concevoir comme opposé à quelque chose externe, ce qui est impossible; Dieu a toute variété d'espèce de l'essence *à* ou *en, sous* et *par* soi, non *autour* de soi. Remarquons encore que de ce théorème découle l'exacte compréhension des termes qui expriment les catégories, tels que *à, contre, supra, sous, à côté, et, aussi, ou, avec.* En général, les prépositions et les conjonctions, c'est-à-dire les mots qui marquent les relations des notions et les rapports des jugements, sont les termes dont la signification est la plus profonde, car ils désignent précisément l'organisme des catégories; et c'est à la précision et à la perfection de cette partie de la langue que l'on peut en quelque sorte mesurer l'esprit scientifique et synthétique d'une race.

Unité

Unité opposée ⌐ sub ⌉
                  co   ⎬ ordonnée,
Unité composée ⌊ subco ⌋

et les mêmes distinctions conviennent à l'*unité suprême* de l'essence.

70. Les catégories particulières subcoordonnées de l'unité d'essence sont la *propriété* et l'*entièreté*. Encore une fois, l'on remarque la

Propriété

Propriété opposée ⌐ sub ⌉
                     co   ⎬ ordonnée.
Propriété composée ⌊ subco ⌋

Au lieu de l'opposition de propriété, on dit communément la *relativité* ou la *relation*, parce que tous les objets propres opposés se rapportent, comme tels, l'un à l'autre d'une manière spéciale. Cependant ce mot a plusieurs sens et généralement ne s'entend que de la *liaison*, laquelle emporte nécessairement aussi *opposition*[*]: avant qu'une chose puisse être rattachée à une autre, chacune doit être *essence propre*, en d'autres termes, avoir à son unité *propriété essentielle* (wesenhafte Selbheit), et ce n'est qu'après s'être assimilé cette dernière qu'on sait la concevoir *en relation*, la comparer avec une autre.

---

[*] A la conception de l'opposition de propriété se rattachent les termes *objet* (objectum) et *objectivité* (objectivitas), par lesquels on ne désigne, en réalité, que cette catégorie de l'opposition de la propriété: les objets s'opposent réciproquement comme autres ou contraires; l'un est objet pour l'autre. La théorie de la *contrariété*, des *contraires*, constitue elle-même un problème sans fin.

De là ressort avec plus de clarté encore l'assertion déjà élucidée précédemment, à savoir que l'Être ou le Principe n'est, en aucune façon, *objet* par rapport à l'extérieur, puisqu'il n'a rien hors de soi, puisque sa propriété est sans opposition externe; dès lors, il n'y a non plus d'*objet* pour lui. Par contre, l'Être, *comme suprême*, s'oppose à tous les objets qui sont en lui comme Être entier, mais hors de lui comme Essence suprême.

71. On a ensuite l'
Entièreté

Entièreté opposée ⌐ sub ⎫
               co ⎬ ordonnée.
Entièreté composée ⎪ subco ⎭

Pour désigner l'opposition d'entièreté (der Ganzheit), nous avons les termes *partité* (Theilheit), *partie*. Des entiers coopposés s'appellent *parties*, et, à vrai dire, *parties coordonnées;* des *entiers subcoopposés* sont des *parties subcoordonnées,* des *subdivisions.*

Pour *entièreté composée* ou collective, on se sert communément de l'expression *totalité de parties;* ce qui a entièreté composée, on le nomme un *total* (de parties), et aussi, en tant que l'on considère simplement la coexistence, la juxtaposition des parties, un *tout collectif,* un *ensemble* ou une *somme,* un *sommaire.* En général, du reste, la conscience vulgaire ne distingue pas avec précision l'entièreté collective ou composée, la totalité, de l'entièreté même, qui est le fondement de la précédente, la renferme et la constitue.

72. Enfin l'on voit l'
Unité harmonique de l'essence

Harmonie opposée ⌐ sub ⎫
               co ⎬ ordonnée.
Harmonie composée ⎪ subco ⎭

Deuxième corollaire.

73. L'organisme de la *position* est semblable à celui de l'essence:
Position

Opposition ⌐ sub ⎫
           co ⎬ ordonnée.
Composition ⎪ subco ⎭

La contrariété de position est aussi la *détermination* ou la *particularisation; déterminer* ou *particulariser,* c'est aussi *opposer*: dans leur position, les choses opposées sont, comme telles, déterminées; la détermination est une catégorie spéciale de l'opposition. De là se voit qu'on ne peut dire: L'Être est un objet déterminé, particulier; car tout ce qui est déterminé se pose en regard d'autre chose; or, l'Être même est posé *purement*, d'après la position une, propre et entière. Mais l'on doit dire: L'Être se détermine *à et en soi*, à son unité et dans sa variété.

74. À la catégorie de la position, on discerne ensuite sa forme, l'*affirmativité* ou l'*affirmation* et, à vrai dire, comme

Affirmation

Affirmation opposée ⌐ sub
                      co   } ordonnée.
Affirmation composée | subco

Au lieu de l'affirmativité pure, c'est-à-dire une, propre et entière, on dit d'ordinaire la *positivité absolue et infinie.*

Considérée dans l'opposition, l'affirmativité est tout ensemble *négativité*, contre-affirmativité; chaque chose particulière est à la fois affirmative pour soi et négative pour le non-soi; la catégorie du *non* et du *non-être* ou du *néant* est adhérente et ne se conçoit qu'à l'affirmation *opposée à une autre* affirmation: si l'un de deux objets opposés se trouve *déterminé* comme tel, il est conjointement déterminé comme n'étant point son contraire, et ce dernier est *nié* de lui. Il est donc évident qu'une négation ne se conçoit pas comme négation pure ou absolue, mais par rapport à une affirmation, qu'un néant n'existe pas pour soi-même, mais seulement par rapport à son contraire, que, dès lors, au regard de l'Être, c'est-à-dire à et pour l'Être même, rien absolument, ni à aucun point de vue, ne se nie*), ou, en d'autres termes, que le non-être est nié de l'Être, n'existe point à l'égard de l'Être; en effet, ce qui manque à l'un des contraires constitue l'essence de l'autre, ce qui se nie du premier s'affirme du second, mais tous deux sont affirmés dans l'Être. En ce qui concerne l'Être, tout ce qui se nie dans son intérieur s'y affirme également.

Si l'on rapproche la catégorie de l'affirmation de celle de la détermination, on obtient la notion de l'*exclusif* et de l'*exclusion*, suivant laquelle, de deux contraires, l'un n'est que ce qu'il est, et, comme tel, n'est pas son opposé et n'est point

---

*) Cela vaut même pour la négation, laquelle s'affirme à et dans l'Être, aussi bien qu'elle s'y nie.

rien que son opposé, *exclut* et n'exclut *que* son opposé, n'est incompatible qu'avec son opposé. — La détermination, spécifiée dans son affirmativité et sa négativité, devient *singularité*; l'objet déterminé affirmativement et négativement, dans son *oui* et son *non*, en ce qu'il est et n'est point, dès lors, en ce qui appartient à lui seul, devient *singulier*.

Ici apparaît dans toute sa netteté la signification des particules *oui, non, ne*, ainsi que la raison pour laquelle on exprime le rapport négatif dans un jugement, la copule négative, par la locution *n'est pas*, puisqu'on aperçoit maintenant la base des jugements affirmatifs et des jugements négatifs. On saisit également le sens véritable de la locution *comme tel* (qua tale), pour spécifier une chose dans sa singularité déterminée, affirmative et opposée, selon son essence exclusive, à l'exclusion de toute considération étrangère à celle que l'on a en vue.

75. *L'unité de la position* ou *du nombre* se manifeste à son tour

Unité de la position ou *numérique*

Unité opposée ⌒ sub
           co ⎬ ordonnée.
Unité composée | subco ⎭

L'unité de nombre dans l'opposition, la *contre-unité* est la *multiplicité*: pour parler de *beaucoup* (*moult*, multum), on doit reconnaître dans l'unité une opposition, en sorte que les membres de la *multiplicité* s'opposent d'après l'unité de position, comme unités distinctes.

Pour qualifier l'unité numérique composée ou harmonique, on fait usage des mots *omnéité, totalité*.

De là ressort qu'à l'Être même ne s'adapte que l'unité numérique absolue et infinie; Dieu est l'*unicité* absolue et infinie, et l'on ne saurait exprimer de l'Être ni *multiplicité* ni *totalité*; on peut dire seulement qu'il est ou a *en* et *sous* soi multiplicité et totalité.

Il se voit, en outre, que chaque multiplicité primitive est une *duplicité*, et *chaque multiplicité composée primitive une duplicité composée*, puisque l'opposition, caractérisée d'après le oui et le non, l'affirmation et la négation, ne comporte que deux termes, que toute opposition est constituée d'après les catégories opposées de l'Être, la propriété et l'entièreté. Aussi faut-il bien observer que l'on n'a pas encore déduit ici la catégorie de la multiplicité ou de la pluralité indéterminée qu'offrent tous les objets individuels en tant qu'ils existent dans leur tout infini, telles la pluralité infinie des esprits, la pluralité infinie des lignes droites dans l'espace, la pluralité infinie des nombres mêmes. Nous déduirons bientôt cette nouvelle catégorie; mais à cette place nous posons le fondement supérieur de la théorie scientifique des *nombres,* dont *Pythagore* n'a eu qu'un pressentiment vague et dans laquelle on examinera les propriétés éternelles de chaque nombre. Nous en reconnaissons ici la proposition fondamentale, à savoir que l'Être est unicité absolue ou pure et qu'en celle-ci existe immédiatement la duplicité; puis, la composition de la duplicité pour former la multiplicité harmonique, laquelle composition, par la duplicité avec l'unicité donne en premier lieu la *triplicité.*

On discerne encore à l'unité numérique la forme de l'*affirmativité* et de la *négativité* de cette catégorie, c'est-à-dire l'*affirmativité et la négativité du nombre,* qu'on développe comme théorie des nombres affirmatifs et négatifs (positifs et négatifs).

76. On trouve un organisme semblable pour l'*unité suprême de la position,* c'est-à-dire l'unité de la position supérieure à la distinction de la direction et de la contenance.

77. La *direction* est

$$
\begin{matrix}
& Direction & \\
\text{Direction opposée} & \left.\begin{matrix} \text{sub} \\ \text{co} \\ \text{subco} \end{matrix}\right\} & \text{ordonnée.} \\
\text{Direction composée} & &
\end{matrix}
$$

On distingue également sa forme, l'*affirmativité* de la direction, qui, dans l'opposition, est *affirmative* et *négative.*

Cette catégorie a été examinée déjà dans les systèmes de la philosophie et, plus spécialement, dans ceux de la Mathématique. On dit ordinairement *direction positive* pour l'*affirmativité de direction,* pour la direction qu'on affirme, en opposition avec la *direction négative,* la direction qu'on nie ou qu'on affirme dans le sens opposé au premier. Il est à remarquer que dans ces locutions on confond la position, d'une part, et l'affirmation et la négation, de l'autre part: il ne faut point dire direction positive et direction négative, mais *direction affirmative et négative*, direction posée affirmativement et négativement. Dans la Mathématique, l'on est amené à développer cette catégorie, car on la rencontre à tous les objets de cette science; le positif et le négatif, comme on s'exprime, y interviennent partout où l'on envisage la direction, à laquelle, considérée dans son opposition, on distingue l'affirmation et l'affirmation contraire, la contre-affirmation ou la négation; par exemple, dans la théorie des nombres, les opérations de l'analyse, l'examen des éléments finis de l'espace ou du temps. Toutefois, cette théorie mathématique de l'oppositivité affirmative et négative ne laisse pas que d'être assez diffuse et imparfaite, par suite de l'absence de vue métaphysique*); en particulier, l'on n'envisage

---

*) Au reste, dans toutes les branches de la science mathématique, le langage conventionnel est fort imparfait. La présence dans la Mathématique générale et dans ses diverses parties d'une foule de termes souvent impropres et, pour la plupart, empruntés sans nécessité à des idiomes étrangers (tels sont les termes: Mathématique, Arithmétique, Géométrie, Calcul des quantités finies et des quantités infinies, etc.), de même que l'emploi continuel de mots techniques, ramassés arbitrairement et au hasard dans toute espèce de langue, qui d'ordinaire ne conviennent point et qui alourdissent et compliquent ainsi le discours (telles les expressions: corps géométrique, pour étendue finie ou bornée; rapport arithmétique et géométrique; quantité positive et négative, pour oppositive; algèbre; etc.), montrent clairement que cette science n'est pas encore sortie de la jeunesse. — La langue proprement dite des signes algébriques (l'*Algorithmie*), bien que renfermant beaucoup de notations particulières qui conserveront toujours leur utilité, n'est cependant pas assez méthodique et conforme aux règles de la désignation pour répondre aux exigences de la véritable science supérieure, si elle suffit à l'expression des connaissances mathématiques actuelles. Il nous manque, par exemple, des signes pour exprimer les divers degrés de limitation (les divers ordres de grandeurs) et les opérations qui les concernent, les diverses espèces de rapports et même le rapport en général, les diverses classes de rapports incommensurables, et nombre d'autres notions fondamen-

pas convenablement l'objet entier et toute sa direction avant
et au-dessus de l'opposition et des parties auxquelles se voit
la contrariété de direction; puis, dans l'opposition de direction, on ne différencie pas d'une manière explicite l'opposition
subordonnée d'avec l'opposition coordonnée.

Plusieurs philosophes grecs ont appelé la détermination
de direction, *κίνησις, mouvement*, s'en tenant à l'image du
déplacement dans l'espace et le temps, auquel se présente
toujours détermination et opposition de direction. *Hegel* aussi
adopte cette expression (*Bewegung*) pour désigner, semble-
t-il, la direction en général, indépendamment de toute considération d'espace et de temps. Cependant cette dénomination n'est pas à recommander, puisque la notion *mouvement*
entraîne nécessairement finité et durée, même lorsqu'on a en
vue un mouvement psychique, un mouvement de la pensée,
du sentiment ou de la volonté.

Dans la langue allemande, les modes particuliers de
l'opposition de direction comme affirmativité et négativité
s'indiquent surtout par les vocables suivants: *hin* (par là) et
her (par ici), d'une manière générale, sans distinction de sens
descendant ou latéral; *hinüber* (au delà) et *herüber* (au deçà),
marquant l'opposition coordonnée; *auf* (vers le haut) et *ab*
(vers le bas, en descendant), marquant l'opposition subordonnée ascendante ou descendante; *vor* (avant) et *nach*
(après); *vorwärts* (en avant) et *ruckwärts* (en arrière); *schief*,
quer (de ou en travers oblique) spécifiant l'opposition subcoordonnée de la direction, c'est-à-dire à la fois vers le côté
et plus ou moins vers le haut ou le bas (zugleich gegen die
Seite hin und oberhalb oder unterhalb). Tous ces vocables
ne s'entendent vulgairement que de l'espace, mais, dans leur
acception primordiale, ils ont aussi une valeur générale et
catégorique.

78. La *contenance*, ou la *capacité* (ambitus, latitudo), est

---

tales et opérations. — Cette situation retarde, plus qu'on ne saurait le dire, les progrès de la science et se trouve elle-même une
marque infaillible de son état d'imperfection. (V. *Krause*, Philosophische Abhandlungen, 1889, XVI, XVII, XVIII.)

Contenance

Contenance opposée ⌐ sub
    co } ordonnée;
Contenance composée ⌐ subco

et le même organisme s'adapte à *l'affirmativité de la con-tenance.*

La *contenance pure* constitue l'*appartenance* (die Anheit), ce qui est à l'objet.

L'opposition de contenance, la contre-contenance, donne l'*intériorité* et l'*extériorité*; pour un contenant considéré dans son opposition à un autre, ce qu'il est, est *inclu;* ce que, par contre, il n'est point, se trouve *exclu.*

79. Si l'on examine *comment* s'accuse la contenance opposée, en d'autres termes, quelle est sa forme, alors sur-vient la catégorie purement formelle qu'on appelle *limitation, limite.* La limitation n'est pas la contenance même considérée dans son opposition; elle n'en est que la forme; la forme sous laquelle, dans leur antithèse, le contenant affirmatif, comme tel, est saisi tout ensemble avec le contenant négatif, opposé au précédent; la forme qui marque comment le premier coexiste *avec* le second, contigu au second. En tant que la limite est commune à l'intérieur et à l'extérieur, elle circonscrit, elle fixe le contour, elle enveloppe ou enceint.

Pour éclaircir cette notion, imaginons deux cubes contigus l'un à l'autre par deux de leurs faces, en sorte que celles-ci se recouvrent. Chacun de ces cubes, considéré à soi, est limité, circonscrit, au regard du restant de l'espace, et n'a qu'une capacité déterminée à l'intérieur de sa limite; de ses six faces; cette limite n'est pas l'étendue même du cube, non plus que sa capacité considérée dans son opposition à une autre; elle n'est que la forme de la capacité, de l'étendue. Cette limite à six faces est commune au cube et à l'espace infini, en tant qu'elle se trouve dans cet espace, comme circuit ou *pourtour* (Umgrenze) du cube; elle est sa limite *initiale*, où il *commence*, si on le regarde du dehors au dedans, et sa limite *finale*, où il *finit*, si on l'envisage du dedans au de-hors. La limite montre donc le *comment*, la position de l'intériorité et de l'extériorité, et si l'on considère la face que les cubes ont en commun, celle-ci marque les *confins* ou les *bornes* (die Angrenze) de l'intérieur et de l'extérieur déterminés et contigus; cette surface séparative n'est ni l'un ni l'autre des cubes; comme limite commune, elle n'est que la forme de leur contenance opposée et déterminée, en tant que cette dernière est, à la fois, affirmative et négative, affirmative de soi et négative de l'autre.

80. Envisageant le contenu qu'enferment à l'intérieur de leurs limites des choses de contenance opposée, nous leur attribuons la catégorie que désignent les termes *grand, grandeur*; toute chose est grande en tant qu'elle est contenue affirmativement sous une limite déterminée; tels sont chaque étendue, chaque durée, chaque être fini. Un entier de contenance *déterminée* ou le contenu d'un entier déterminé, est *grandeur* ou *quantité*. Cette catégorie de la *grandeur* ou de la *quantité* est le principe de la branche de la Mathématique que l'on définit, en général, la *théorie des grandeurs* ou mieux la *théorie de la quantité*, parce que l'on nomme une grandeur, une quantité, tout ce qui est grand. Cependant cette catégorie n'est pas l'objet intégral de la Mathématique avec son développement actuel: cet objet est plutôt la catégorie de la *totalité* ou mieux de l'*entièreté**), partant aussi de l'entièreté caractérisée dans sa contenance, et, conséquemment, de l'entièreté considérée selon la limitation, c'est-à-dire selon la

---

*) Toutes les sciences particulières que l'on range d'habitude parmi les sciences mathématiques, sont des parties internes d'une science plus élevée et plus générale, la *science de l'entièreté* (der Ganzheitlehre) *et de la partité*, de l'entier et de ses parties, comme tels. Elles sont, en effet, soit le développement scientifique de propriétés spéciales de l'*entièreté divisible*, comme l'Arithmétique et la théorie de la Combinaison, soit l'exposé scientifique de *formes* spéciales, sous lesquelles les êtres se trouvent un *entier divisible*, comme les sciences de l'espace, du temps, du mouvement, de la force. Toutes les sciences mathématiques particulières présupposent pour leur construction l'idée générale, purement formelle, de l'entier et de ses parties. Nous devons donc les considérer, selon l'essence de l'objet, comme des branches de cette science supérieure, et donner tout ensemble à cette dernière et à ses diverses branches le nom de Mathématique: elle sera la *Mathématique* même, la Mathématique une et entière. (V. *Krause*, Philosophische Abhandlungen, S. 281 f.)

grandeur.*) Cette simple pensée de l'entièreté et, en elle, de la grandeur ou de la quantité, qui semble, au premier abord, dépourvue de variété, offre au contraire pour l'esprit scientifique une richesse et une profondeur infinie dans toutes les directions: elle renferme implicitement toute la Mathématique actuelle et, de plus, une infinité d'autres objets que cette science n'a qu'entrevus ou même ne soupçonne pas encore.

81. Poursuivons l'examen de cette pensée de la contenance ou de la capacité limitée. La limite d'une chose bornée ou d'une quantité, avons-nous vu, apparaît comme *fin*, comme *finale*, lorsqu'on envisage la quantité dans sa direction de l'intérieur vers l'extérieur. Les pensées de la *finité* et de l'*infinité* (16) deviennent ainsi parfaitement claires: nous reconnaissons que la finité est une qualité de la contenance limitée et, par conséquent, de l'entièreté dans l'opposition, de la contre-entièreté, puisque la contenance est la forme de l'entièreté; de là résulte que la conception du fini et de la finité est impossible sans celle de la direction, de l'entièreté ou de l'infinité et de sa forme, la contenance. — Telle est la déduction rigoureuse du fini, et l'on voit concurremment que l'on ne saurait dire de Dieu qu'il est *grand*, qu'il a des bornes à son unité, qu'il est fini à quelque égard, comme si l'essence de l'Être se trouvait enceinte et comprise dans des limites; mais bien que l'Être est entier ou infini et enceint dans son entièreté ou son infinité la finité et la limitation de tous les entiers opposés**). Dieu n'a aucune limite, mais contient en soi toutes les limites.

---

*) Même la théorie de l'entièreté n'est qu'une fraction de la Mathématique intégrale (Mathesis) comme *théorie de l'essence pure*. (V. No. 103, Comp. *Krause*, Philosophische Abhandlungen, S. 314.) C'est une notion dont beaucoup de philosophes ont eu le pressentiment, lorsqu'ils considéraient la Mathématique comme „l'ensemble de ces vastes et de ces fécondes vérités, qui sont les règles immuables et universelles de toutes les vérités passagères et particulières qui se peuvent connaître avec exactitude."

**) La notion de l'*entier* (du tout), de même que la notion de *partie*, qui s'y trouve impliquée, est une notion purement *formelle*; l'on n'y a égard qu'à l'état d'entièreté (d'intégrité), c'est-à-dire au *tout de ce genre*, et non à l'essence (au fond, à la matière). L'entièreté peut être considérée dans sa pureté et doit occuper sa place dans

82. Enfin la *contenance composée* ou harmonique aussi s'aperçoit d'abord sans opposition, avec sa position pure, puis avec son opposition et sa composition. Cela se vérifie aussi de ses catégories de forme: la limitation, la grandeur et la finité composées. Ces catégories également effectives sont restées, jusqu'à présent, à peu près inexplorées dans la Mathématique.

Troisième corollaire.

83. L'*existence* est

Existence

Existence opposée	sub	
	co	ordonnée.
Existence composée	subco	

84. On obtient un organisme analogue pour *l'affirmativité de l'existence*, et l'on voit que la négativité ou la négation ne peut s'exprimer que de l'existence opposée, de ce qui existe en opposition à autre chose; en ce qui concerne l'Être même, on doit dire: Dieu existe absolument et purement affirmatif, avec son une et même existence entière, avec l'intégralité de l'existence; à l'égard de l'existence de Dieu ne se présente aucune négation et, dès lors, l'opposition de l'existence, affectée de limitation et de négation, ne se remarque qu'aux objets que l'Être est *en* soi, dans sa variété.

---

l'édifice complet des sciences. Cette notion de l'entièreté renferme la notion de l'*état partiel*, de la *partité*, de la *partie* et des parties, en laquelle la première se déroule intérieurement. Bien que cette théorie de l'entier, comme tel, et de la partie, comme telle, qui est aussi la théorie de l'infini et du fini, n'ait pas encore été expressément établie, il est clair cependant qu'on la présuppose pour le développement de la *théorie de la quantité* et qu'elle doit donc précéder, *avec toute sa généralité*, l'Arithmétique comme la Géométrie, comme toute science mathématique spéciale. — La notion d'entier et de partie, d'infini et de fini, peut paraître à l'esprit superficiel assez vide et assez pauvre pour constituer tout le domaine d'une science particulière; mais les développements que nous donnerons plus loin (V. théor. X de la quatrième déduction) suffiront déjà pour montrer combien elle est, au contraire, riche de conséquences. (Comp. *Krause*, Philosophische Abhandlungen, S. 274 ff.)

85. Je laisserai au lecteur le soin de développer, d'après la méthode suivie plus haut, l'organisme de *l'existence suprême*, de *l'existence de direction* ou de *relation*, de *l'existence de contenance* et de *l'existence harmonique*.

Nous avons ainsi exposé tout l'organisme résumé dans le tableau de la page 57.

Théorème III.

86. Le troisième théorème de la deuxième déduction dont l'objet est la variété de l'Être, s'énonce: *L'Être est, d'après l'organisme de l'intimité (36), intime à l'organisme un des êtres et des essences.* Ce théorème est fondé en ce que l'Être a identité d'essence et se trouve intime à soi-même comme être entier identique; partant, puisqu'il est en soi l'organisme un des êtres et des essences, il est aussi intime à ce dernier.

Corollaire.

87. À ce point de vue,

1º. L'Être se voit ou se connaît absolument et infiniment, dans sa vérité une;

2º. L'Être se sent absolument et infiniment, dans sa béatitude une;

3º. L'Être se connaît et se sent à la fois, dans toute son harmonie ou son union.

On a vu, en effet (37 et ss.), que la pensée, le sentiment et leur union harmonique, la conscience affective ou l'affection consciente, sont les trois catégories subordonnées de l'intimité de l'Être avec soi-même.

Chapitre III.

Troisième déduction partielle: Ce que l'Être est à et en soi. — L'Être considéré à son unité et dans sa variété, ou l'organisme harmonique de l'Être.

88. Il s'agit maintenant de rapprocher dans une vision harmonique les catégories aperçues à l'Être, à son unité, et celles qu'il est *en* soi, dans sa variété; ce qui nous donnera la troisième déduction partielle de la vision de l'Être.

Théorème I.

89. Concevant les catégories que l'Être est à soi (Chap. I) et celles qu'il est en soi (Chap. II), dans leur rapport mutuel et leur union, en tant que catégories harmoniques de son essence, on obtient la vision générale qui s'énonce, comme premier théorème de cette déduction: *L'Être est, comme être et comme essence, organisme, à soi aussi bien qu'en soi, à son unité aussi bien que dans sa variété.*

En effet, nous avons trouvé, comme première déduction, que l'essence de l'Être est, à son unité, l'organisme de l'essence, de la position et de l'existence. Au cours de la seconde déduction, on a reconnu que l'Être est, dans sa variété, l'organisme des êtres et des essences, selon les catégories de la position pure et, en elle, de l'opposition et de la composition; et cela aussi bien en ce qui concerne les êtres que les essences. Ainsi, l'organisation interne, qui se trouve *dans* l'Être, est aussi une catégorie de l'essence une de celui-ci, et l'on vient de la reconnaître concordante avec l'organisation de l'essence, qui est *à* l'Être. C'est cet ensemble de propositions qu'exprime le présent théorème.

90. Avant de développer les corollaires qui découlent de ce théorème, précisons les termes employés. Il n'existe actuellement dans le langage aucun autre terme que l'expression figurée de *l'organisme* ou de *l'organisation* pour désigner la catégorie de l'Être que nous avons en vue. Les explications données dans la partie analytique (I, 1) paraissent

suffisantes, du reste, pour éviter toute méprise sur la signification de ces mots; ils n'expriment pas que Dieu est constitué d'organes ou de parties, et l'on n'entend point par
organe quelque objet exclusivement fini, tel qu'un membre
du corps humain ou quelque chose matérielle, étendue dans
l'espace. Au contraire, *membre, organe* marque tout et chaque
objet que l'Être est à et en soi, chaque élément de son unité
et de sa variété, en sorte que l'Être même n'est pas un terme
de quelque série, mais Celui à qui et en qui existe tout ce
que l'on reconnaît comme organe, comme élément de son
organisation, qu'il s'agisse, d'ailleurs, d'une *essence* ou d'un
être fini et déterminé.

Premier corollaire.

91. L'Être, en tant qu'organisme, est l'organisme un,
propre et entier des êtres et des essences, *selon l'unité
d'essence.* Il y a lieu de développer cette proposition au
point de vue de l'unité suprême, de la propriété et de l'entièreté, ce que l'on fera sans peine.

Deuxième corollaire.

92. La forme de l'organisation de l'Être est la *plénitude.*
Ce qui veut dire que l'Être comme organisme est et contient
effectivement tout, qu'il se trouve à son unité et dans sa
variété organisme d'après toute l'essence, qu'il n'y a aucune
chose qui ne soit point à et en lui: l'Être est, avec l'univers
organisé, en, sous et par lui, la plénitude des êtres et des
essences.

Cette pensée de la *plénitude* implique donc celle de
l'*omnéité* ou de la *totalité*, non de la totalité indéterminée
d'un nombre quelconque d'objets, mais de l'intégrité de la
variété, de la diversité déterminée, unique et organisée, que
nous avons reconnue à l'organisme des êtres et des essences
dans la première et la seconde déduction.*)

En outre, la plénitude emporte la pleine *harmonie* de
l'essence, en vertu de laquelle toutes les choses qui *s'opposent*

---

*) De là dérive aussitôt la plénitude de l'essence aussi bien dans son
opposition subordonnée que coordonnée et subcoordonnée.

dans l'Être s'y *unissent* et s'y concilient également. Observons
de nouveau qu'il n'est pas question ici de l'assemblage d'une
pluralité arbitraire d'objets, mais de l'harmonie de la variété
organisée qui n'existe telle qu'une seule fois (59 et ss.).

Troisième corollaire.

93. L'Être, en tant qu'organisme, est, dans l'harmonie
de l'essence et de la forme, la *Toute-essence* ou *l'organisation
parfaite*, proposition que l'on énonce d'ordinaire: Dieu est
l'Être absolument et infiniment *parfait* (absolute perfectus),
absolument ou infiniment *accompli* (ens omnibus virtutibus
absolute seu infinite perfectum), entendant par *perfection*
l'intégrité et l'harmonie des attributs de l'essence et de la
forme.

Théorème II.

94. Reconnaissant Dieu comme l'organisme des êtres,
nous lui attribuons concurremment la catégorie de *fondement*
(ou de *raison*): *il est celui à qui et **en** qui est et existe l'organisme des êtres et des essences*, c'est-à-dire le système des
essences qui sont à lui aussi bien que le système des êtres
et des essences qui existent *en* lui (Chap. I et II). Ainsi
l'Être apparaît le *fondement un, propre et entier;* en d'autres
termes, puisque propriété vaut absoluité (16): *Dieu est le
fondement absolu*; et, puisque entièreté vaut infinité: *Dieu est
le fondement infini.* De plus, comme l'on vient de voir dans
le premier théorème que l'Être est à et en soi *tout*, on obtient la proposition: *Dieu est l'un et même fondement entier
de tout ce qui est et existe, de tous les êtres et de toutes les
essences.* Et, puisque la qualité de fondement est une catégorie distincte et déterminée de l'essence une de l'Être, on
a aussi la proposition: *L'essence a ou est à soi et en soi la
qualité de fondement;* ou inversement, *la qualité de fondement
est une catégorie particulière de l'essence.*

95. Je suppose que l'on a encore présents à la mémoire
les éclaircissements donnés dans la partie analytique sur les
pensées *fondement* et *cause* (I, 102 et ss.) et que, par suite,
l'on se rend bien compte que, dans ce théorème, la qualité
de fondement n'est pas envisagée comme *causalité*. Le fonde-

dement devient *cause* en tant qu'il détermine l'essence caractéristique de la chose fondée (I, 105); Dieu comme cause n'est
point différent de Dieu comme fondement; au contraire, en
tant que fondement, il se trouve aussi, à un point de vue
spécial inhérent à cette catégorie, *cause.* L'examen de cette
notion fera partie de la prochaine déduction.

À ce sujet, je ferai remarquer que notre proposition ne
doit pas se confondre avec la thèse de *Descartes,* de *Spinoza,*
de *Schelling* et d'autres penseurs, à savoir que *Dieu est le
fondement de soi-même* (Deus causa sui); car Dieu est absolument infini, et dès lors, comme l'un seul et même être
entier, il n'a point de fondement, n'est point *fondé,* puisque,
comme l'Être pur, il n'a rapport ni d'appartenance ni d'intériorité, ne présente nullement l'opposition de l'*à* et du
dans. — Il ne faut non plus identifier notre proposition avec
la seconde théorie de *Schelling,* la théorie du *„fondement en
Dieu",* que ce philosophe a exposée, d'après *Jacob Böhme,*
dans son ouvrage sur la liberté humaine. Par ce *„fondement
interne en Dieu",* il entend un élément subordonné par lequel
l'activité divine s'exerce d'une manière spéciale sur le fini
et dans le fini, c'est-à-dire un instrument pour agir, et, sous
pareils fondements internes ou instruments, il faudrait alors
ranger la Nature et toutes les choses finies, en général.

Théorème III.

96. Dans la conception de Dieu comme organisme des
êtres et des essences, nous trouvons également la catégorie
de la *condition* et de la *conditionnalité: L'Être est à soi et
en soi conditionnalité,* c'est-à-dire a cette catégorie des membres
d'une opposition, en vertu de laquelle l'essence caractéristique
propre à l'un coexiste avec l'essence caractéristique propre à
son opposé, et, de plus, ces membres influent l'un sur l'autre,
s'entre-déterminent quant à leur essence, aussi bien dans leur
opposition que dans leur union mutuelle.

Les considérations suivantes justifient cette proposition.
Nous avons reconnu que l'Être offre en soi opposition et que
les membres de l'opposition sont ainsi constitués que ce que
l'un se trouve l'autre ne l'est point; par conséquent, l'un aussi
bien que l'autre n'est que ce qu'il est; puis, nous avons

montré que ces membres existent ensemble, qu'en vertu du même fondement d'après lequel l'un existe, l'autre existe aussi, l'un étant caractérisé par la propriété, l'autre par l'entièreté (59 et ss.).

La conditionnalité s'aperçoit à l'égard de ces contraires aussi bien en tant qu'ils demeurent, dans l'antithèse, des termes propres opposés, qu'en tant aussi qu'ils sont, dans la synthèse, des termes propres harmoniques. La conditionnalité est donc cette qualité de la propriété opposée des contraires, en vertu de laquelle ils coexistent et se déterminent *l'un l'autre*; elle est la détermination *mutuelle* de termes qui coexistent dans un fondement commun. Chaque conditionnalité est le rapport de détermination *réciproque* d'au moins deux membres coordonnés, et ce rapport s'exprime dans le langage: *comme . . . . ainsi . . .*, ou, *si . . . . alors . . . . .*; la première conjonction annonçant le membre déterminant ou *conditionnant*, la seconde le membre déterminé ou *conditionné*.

97. De là ressort à l'évidence que l'on ne saurait dire que Dieu, l'Être pur, en tant que l'un seul et même être entier, soit ou ait condition, qu'il soit conditionnant ou conditionné, puisque, comme tel, il ne s'oppose à rien et que la conditionnalité est un attribut de choses opposées. On discerne donc que *Dieu est l'inconditionné et l'inconditionnable, l'absolu*; ou plutôt, en ce qui concerne la relation de condition, on ne peut exprimer qu'affirmativement de l'Être le contenu de ce théorème: L'Être, en tant qu'il est ses essences particulières, a à soi et contient en soi la conditionnalité; ce qui veut dire en d'autres termes: Puisque Dieu se trouve le fondement de tout ce qu'il est à son unité et dans sa variété, il est aussi le fondement de sa conditionnalité interne.

Les rapports de fondement et de condition présupposent tous deux opposition et, de plus, impliquent que les membres de l'antithèse existent ensemble, conjointement l'un avec l'autre, *coexistent*, et, à la vérité, subordonnés, coordonnés et subcoordonnés entre eux, en sorte que, dans leur fondement commun, ils sont aussi, sous les trois points de vue, contigus l'un à l'autre avec des limites communes.

Théorème IV.

98. En considérant l'existence dans sa relation avec l'organisation parfaite de l'Être, on discerne *l'existence relative,* d'abord comme une, propre et entière, et ensuite selon ses modes particuliers de la *nécessité,* de la *possibilité* et de la *réalité.*

Si, premièrement, un terme se trouve en quelque rapport avec un autre terme sous l'aspect de l'unité et de la singularité exclusive, c'est-à-dire existe avec cet autre terme dans un rapport unique, le premier terme est *nécessaire* pour le dernier, il n'existe pour celui-ci pas autrement et pas autre chose.

Si, secondement, il existe avec un terme considéré un autre en rapport déterminé et, outre ce dernier terme, un ou plusieurs autres encore, également en rapport déterminé, l'ensemble de tous ces autres termes réunis est, pour le terme considéré, nécessaire; mais chacun d'eux, pris à part, n'est plus, dans ces rapports, nécessaire à l'égard du terme donné, il est susceptible d'exister avec celui-ci dans *plusieurs* rapports; bref, chacun des autres termes *peut* exister, est *possible* pour le premier terme. *L'impossible,* par contre, à l'égard de ce premier terme est tout terme tellement spécifié qu'il est absolument exclu de son essence propre caractéristique, qu'il n'existe d'aucune manière avec lui en rapport d'affirmation ou d'inclusion. L'impossible pour un terme de la série des choses est toute chose qui, à l'égard de ce terme, ne *peut* exister; bien qu'elle existe de soi et pour soi, car si cette chose n'existait pas même pour soi, elle ne serait en aucune façon et, dès lors, ne saurait non plus ne pas exister dans un rapport, c'est-à-dire elle ne saurait pas même *être impossible.* Par exemple, qu'un quadrilatère n'ait que trois côtés, c'est une impossibilité, parce que la triplicité de côtés ne subsiste point conjointement avec la quadruplicité de côtés ou que la quadruplicité exclut la triplicité; mais toutes deux, triplicité et quadruplicité de côtés, sont, chacune pour leur part, possibles dans l'étendue, et des propriétés spéciales de l'espace.

Si, troisièmement, à l'égard d'un terme donné, il existe

effectivement lié avec lui un second terme, qui soit d'ailleurs pour lui l'unique et le singulier, le nécessaire, ou bien l'un de plusieurs termes également essentiels dans leur ensemble, l'un de plusieurs cas ensemble nécessaires, ce second terme, dis-je, apparaît comme existant *en relation affirmative et effective* avec le premier, avant et au-dessus, indépendamment de la distinction du nécessaire et du possible, ou, comme l'on s'exprime d'ordinaire, est *réel* à l'égard du terme donné.

99. Quelques remarques ne seront pas inutiles pour faire comprendre avec précision et dans toute leur généralité les diverses modalités de l'existence relative *(modalitates relativae)*.

1°. Il n'est point question dans ce qui précède de l'existence relative temporelle, de la nécessité, de la possibilité et de la réalité par rapport au temps, qu'il y aura lieu d'examiner plus tard comme renfermées dans et sous l'existence relative une; on a déduit ici l'une seule et même existence de relation entière, qui enceint, conjointement avec les modalités relatives temporelles, les modalités relatives éternelles; telles que les nécessités, les possibilités et les réalités de l'étendue et des nombres, dont s'occupe le mathématicien, lorsque, par exemple, il enseigne qu'il est *impossible* d'extraire la racine carrée d'une quantité négative.

2°. L'existence relative même ne doit point se confondre avec la connaissance de l'existence relative; il ne faut pas prendre la connaissance ou la non-connaissance du nécessaire, du possible et du réel pour le nécessaire, le possible et le réel mêmes.

Il convient de distinguer ce dont l'existence est relative pour la connaissance d'une intelligence finie d'avec ce qui existe réellement pour soi et au regard de la connaissance divine, de discerner le nécessaire, le possible, le réel ou le non-nécessaire, le non-possible, le non-réel pour la connaissance de l'esprit borné, aussi bien de ce qui est tel pour soi que pour la connaissance de l'Être.

3°. La catégorie et les déterminations de l'existence relative ne doivent point s'identifier avec la catégorie et les déterminations propres de l'existence pure, par exemple, la *nécessité* (necessarium) avec l'*absoluité* (absolutum).

4°. Dans tous les traités de métaphysique qui me soient

connus, la déduction de l'*existence relative* une, propre et entière, ainsi que le développement méthodique des modalités qu'elle implique, font défaut; et cette lacune est l'origine principale des erreurs, des préjugés et des notions incomplètes, qui fourmillent surtout dans le domaine de l'intimité de l'Être et de l'union avec Dieu au cours de la vie, c'est-à-dire dans le domaine de la Religion. Peut-être *Spinoza* et *Kant* eussent-ils atteint à la vision de l'Être et de l'Être suprême, s'ils avaient élucidé la catégorie de l'existence de relation; *Kant* n'eût point déclaré impossible la connaissance de Dieu et *Spinoza* ne se serait pas embrouillé dans les catégories de la nécessité et de la liberté.

5°. Si la catégorie de l'existence relative, de même que ses modalités particulières, la nécessité, la possibilité et la réalité, s'applique à tous les objets qui sont à quelque titre susceptibles de relation, cette catégorie n'est point valable de Dieu envisagé comme l'un seul et même être entier: l'existence de l'Être, comme tel, est l'existence une, propre, entière, absolue et infinie, l'existence pure; l'on ne peut exprimer de lui ni nécessité ni possibilité ni réalité. Mais, puisque et en tant qu'il a, comme tel, propriété et direction, rapport propre réfléchi, qu'on a aussi reconnu comme intimité propre (33 et ss.), *en cette qualité*, dit-on, l'Être est à soi et pour soi-même la seule nécessité et la seule réalité absolue et infinie, à l'exclusion de la possibilité; il est l'Être nécessaire et réel; cette locution toutefois n'est admissible que si les termes *nécessaire, possible* et *réel* n'emportent aucune allusion au fini et au temps. Si l'on considère Dieu dans son existence de relation avec tous les objets finis et particuliers, il est pour ceux-ci, à tous égards, c'est-à-dire d'après tout l'organisme de l'essence, l'une seule et même nécessité et réalité entière; non quelque possibilité, puisque, hors de Dieu et à et en Dieu, il n'existe rien d'équivalent à lui, rien qui puisse avoir avec quelque objet fini et particulier la même relation d'existence que Dieu.

Théorème V.

100. Il nous reste à appliquer la catégorie de l'intimité propre de l'Être (33 et ss.) à sa plénitude (92). *Dieu est in-*

time à soi-même en tant qu'organisme de l'Être, selon la pléni-
tude et la perfection de son essence; il est donc intime à soi
en tant qu'il est intérieurement fondement, condition et relation.
En effet, puisqu'il a été établi dans la déduction précédente
que l'Être est intime à soi-même selon toute son essence et
que l'organisation, la plénitude, la perfection et les catégories de fondement et de condition ont été conçues comme
adhérentes et inhérentes à et dans son essence, on déduit
qu'il est aussi intime à soi-même selon ces catégories. Puisque, en outre, on a vu (37 et ss.) que l'intimité de l'Être
embrasse la connaissance, le sentiment ou la béatitude et
l'intimité résultant de leur union, il suit que Dieu se connaît
comme organisme de l'Être, se sait la perfection, le fondement, la condition et l'existence de relation, et accueille
également ces attributs dans la béatitude de son cœur absolu
et infini. Puis, l'Être se trouve intime à toute son essence,
conséquemment à son intimité propre, c'est-à-dire connaît sa connaissance, sent sa connaissance, sent et connaît son sentiment.
Il est de rechef intime à cette dernière intimité. Par conséquent, il a aussi de la même manière l'intimité des catégories que l'on vient de mentionner: Dieu se sait et se sent
comme étant pleinement et parfaitement en soi l'organisme
des êtres et des essences, ainsi que de toutes leurs relations,
et sait et sent de nouveau cette connaissance et ce sentiment.

Scolies.

101. Replions-nous encore une fois sur nous-mêmes et
examinons si et pourquoi nous sommes assurés que l'organisme,
jusqu'ici déduit, des êtres fondamentaux en Dieu, c'est-à-dire
l'Être suprême, l'Esprit, la Nature et l'Humanité, ainsi que
des catégories fondamentales, est parfait, dès lors aussi, complet et ordonné avec méthode.

Remarquons d'abord que la plénitude et la perfection
elles-mêmes s'aperçoivent immédiatement dans la vision de
l'Être et, à leur tour, comme catégories particulières, existantes et comprises dans l'organisme de l'essence; ce n'est
même que par cette circonstance que nous nous voyons autorisés à agiter la question de la plénitude et de la perfection de notre connaissance de l'organisme des êtres fonda-

mentaux et des catégories, et que nous discernons que Dieu
même embrasse pleinement et parfaitement cet organisme
dans sa vision propre.

Mais, que l'intelligence finie puisse, d'une manière semblable, saisir cet organisme, c'est ce qui ne saurait, comme
chaque vérité, du reste, devenir évident pour elle qu'au contenu de cette vision même.*) Or, chaque être fondamental
se conçoit comme existant en Dieu et chaque catégorie comme
existante à ou dans l'essence de Dieu, avec autant de certitude que Dieu lui-même se révèle dans la vision de
l'Être**); et tous, êtres et catégories, s'y dévoilent comme
existants les uns à ou dans et avec les autres, aussi bien
qu'en union. La vue même de l'Être est la vision une,
propre et entière; comme vision propre à Dieu, elle est absolument et infiniment complète et parfaite; pour l'esprit fini,
elle est complète et parfaite en ce sens que cet esprit sait
qu'au dehors de l'Être il n'existe rien et que tout ce qu'il
peut rencontrer de fini et de déterminé n'est jamais qu'une
connaissance adhérente ou inhérente à ou dans la vision de
l'Être, et, de plus, en ce sens que l'esprit fini se rend compte
que Dieu a la pleine et parfaite vision intuitive du contenu
entier de la notion de l'être. D'une manière identique, on
remarque, au contenu même de cette notion, que la pensée:
l'*Être comme essence*, est complète, et aussi la pensée: *l'Être
comme unité de l'essence.* La plénitude des pensées *essence,
unité, unité suprême, propriété, entièreté de l'essence, harmonie
de la propriété et de l'entièreté entre elles et avec l'unité suprême de l'essence*, s'éclaire de la catégorie de la *position pure*
(Orheit) qui, dans la suite, manifeste à son unité *opposition*

---

*) Nous établirons plus loin que l'homme et l'Humanité ont, par la
causation de Dieu et avec la coopération de leur propre causalité,
la faculté de connaître en pleine et parfaite vérité l'Être et l'organisme de son essence.

**) Il est impossible d'établir une distinction quelconque entre ces ob-
jets de la connaissance. Nous ne pourrions, d'ailleurs, saisir aucune relation ni rattacher aucun objet aux précédents — seule
condition qui lui donne quelque valeur — si nous ne voyions tout
ensemble l'Être entier et la variété des éléments qui se concilient
dans son unité.

et *composition* ou harmonie, et apparaît immédiatement comme adhérente à l'Être et à son essence complète; de même, chacun se convainct sur-le-champ que l'opposition ou l'antithèse ne comporte que *deux* termes, par le fait que la catégorie de la propriété n'admet que les deux aspects de l'affirmativité et de la négativité, du oui et du non, et que la catégorie de l'harmonie n'a point d'autres caractères que l'affirmativité, la négativité et la conciliation de l'affirmativité et de la négativité. Cela posé, puisque l'essence de l'Être même, ainsi qu'à son tour, comme elle, chacune de ses catégories particulières, ont été reconnues comme des organismes conformes à la loi de la position pure, de l'opposition et de la composition, de la thèse, de l'antithèse et de la synthèse, puisque aussi l'organisme des êtres a été reconnu pleinement et parfaitement conforme à celui des catégories, et puisque enfin la marche de la perception et de la détermination de la connaissance scientifique a été réglée et ordonnée d'après la même loi, qui s'impose exclusivement et inéluctablement à l'intelligence, il est évident que la notion jusqu'ici acquise de l'organisme des êtres et des essences est complète, parfaite quant au fond et à la forme, et se trouve ordonnée méthodiquement.*)

102. La conception de la perfection de cet organisme

---

*) C'est seulement en signalant une imperfection ou un défaut dans la déduction, l'intuition et la construction de la loi de l'organisation de l'Être, de l'essence et de la position, telle que nous l'avons établie, bref, une infraction à la loi de l'organisation de la pensée aperçue par chaque intelligence, que l'on serait fondé à nous contredire et à affirmer que cette notion est imparfaite ou défectueuse.

Comme le dit *Malebranche*, puisque les idées (notions) des choses qui sont en Dieu renferment toutes leurs propriétés, qui en voit les idées (notions) en peut voir successivement toutes les propriétés; car, lorsqu'on voit les choses telles qu'elles sont en Dieu, on les voit toujours d'une manière très-parfaite, et elle serait infiniment parfaite si l'esprit qui les y voit était infini (*Recherche de la vérité*, L. III, IIᵉ partie, Ch. VII, III). Ce qui manque à la connaissance que nous avons des choses, n'est point un défaut des notions qui y correspondent, mais de la limitation de l'esprit qui les considère.

implique celle de la possibilité d'approfondir sans fin, d'après la même loi, l'organisme de la science.

Ici s'offre la déduction (l'idée absolue) de la Science et de son système, que nous avons entrevue déjà dans la partie analytique. La perfection, partant, la plénitude et l'ordre méthodique de la science humaine, se déduisent et s'aperçoivent maintenant à l'objet de cette science, c'est-à-dire à l'Être même et à son essence, indépendamment de ce qui caractérise l'intelligence finie comme aussi celle de l'homme et de l'Humanité; dès lors, sans aucun vain appel à la raison *humaine*, à la faculté et à la capacité de connaissance de l'homme, dont l'essence et la légitimité ne peuvent elles-mêmes être reconnues scientifiquement que dans la vision de l'Être, grâce au contenu de celle-ci. Que nous, bien que personnes finies et esprits bornés, ayons la faculté et la puissance de connaître Dieu et l'organisme des êtres et des essences qui existent en lui et dans son essence, c'est ce que nous ne pouvons discerner qu'à la vue de l'Être et de son organisme, réellement présente dans notre conscience, et dont la vérité ne s'éclaire que d'elle-même; c'est seulement dans la vue de Dieu qu'est départie à l'homme et à l'intelligence finie la certitude que sa faculté et sa capacité de connaissance, ou comme l'on dit, sa *raison*, ont similitude divine, et que l'esprit comprend alors pourquoi et dans quelle mesure elles méritent „*confiance*“. *) Mais, même cette „*foi en sa raison individuelle*, souveraine et unique autorité de la clarté et de l'évidence de ses conceptions individuelles“, fondée et acquise dans la vision de Dieu et par le plus ou moins de

---

*) Pourquoi il ne doit, suivant l'expression de *Malebranche*, consentir jamais à quoi que ce soit, jusqu'à ce qu'il n'y soit comme forcé par la voix puissante de l'auteur de la nature, que j'appelle les reproches intérieurs de la raison et les remords de la conscience. C'est se faire esclave contre la volonté de Dieu, dit ce penseur, que de se soumettre aux fausses apparences de la vérité; mais c'est obéir à la voix de la vérité éternelle, qui nous parle intérieurement, à qui il appartient uniquement de juger et de prononcer, que de nous soumettre de bonne foi à ces reproches secrets de notre raison qui accompagnent le refus que l'on fait de se rendre à l'évidence. *Recherche de la Vérité*, L. I, Chap. II, II. (*Note du traducteur.*)

développement de sa science au sein de l'Être, l'intelligence
bornée ne peut et ne doit, en aucune façon, l'instituer et
l'invoquer d'une manière péremptoire comme le principe de
démonstration d'une assertion quelconque; cette confiance en
la raison devient, à partir de l'instant où elle naît chez
l'esprit fini de son intimité de l'Être, un simple fondement
concomitant de la conviction scientifique, en ce sens qu'alors
l'esprit s'assure en Dieu et par Dieu qu'il est possible, même
pour ses facultés restreintes, pour sa raison individuelle,
éclairée par la Raison divine, de poursuivre et d'approfondir
sans fin la science comme l'organisme de la vérité universelle,
*à condition d'observer fidèlement la loi de la construction scien-
tifique,* fondée dans l'Être. Cependant, au cours de ses
efforts, le penseur conscient de l'intimité divine se confie encore avant tout et entièrement à Dieu; puis seulement, fort
de la garantie de Dieu, il s'en remet *à sa propre raison,*
avec un cœur pur, avec une sainte prudence, avec une sage
défiance pour tout ce que *sa* raison pourrait, sans se prémunir
contre ses erreurs et ses entraînements et s'appuyer sur la
Raison et la Vérité divine, penser, croire, conjecturer ou pré-
sumer.*)

103. Il ressort des précédentes considérations que la
Science est la *théorie une de l'Être,* dans laquelle on distingue ensuite la *théorie de l'essence,* théories dont nous avons
développé jusqu'ici les éléments principaux. Chacune des
catégories trouvées à et dans l'essence de l'Être forme,
d'après son organisme interne, l'objet d'une théorie particulière de l'essence ou, suivant une expression reçue, d'une
science formelle; et l'ensemble de toutes les sciences formelles

---

*) Le développement de la vision de l'Être montre que les êtres finis
intimes à eux-mêmes ou les êtres doués de raison sont semblables
à Dieu, l'Être raisonnable infini, qu'ils peuvent et doivent, en conséquence, voir, sentir, vouloir, réaliser, comprendre Dieu, bref être
intimes à Dieu; mais alors précisément, ils se rendent compte aussi
que ce pouvoir ne leur vient que par l'action et avec la coopération éternelle, temporelle et temporellement éternelle de l'Être
— par la révélation de Dieu et de la Raison divine dans leur
raison individuelle —, et pour autant seulement que celle-ci demeure d'accord avec la Raison divine universelle, qui est son seul
recours.

spéciales constitue l'un seul et même organisme entier de la
théorie une de l'essence de l'Être ou de la divinité de Dieu.*)
La théorie de chaque essence, catégorie ou attribut singulier,
doit se développer séparément dans et par la vision une de
l'Être, mais concurremment aussi en relation systématique et
en harmonie avec toutes les autres sciences formelles, subordonnées, coordonnées et subcoordonnées. Puis, comme
l'essence est à l'Être et qu'ainsi l'essence de chaque être fini
lui appartient, comme, en outre, la distinction et l'union de
l'être et de l'essence persistent à travers tout l'organisme de
l'Être, il s'en suit que, dans le système un de la Science, la
science de l'être ou *matérielle* et la science de l'essence ou
formelle se trouvent organiquement distinctes et unies, qu'en
conséquence les sciences matérielles et les sciences formelles
se pénètrent les unes les autres au cœur du système entier,
s'enveloppent, s'enlacent et se fortifient mutuellement, bref,
que tout doit tendre à développer la variété des connaissances et à ramener ces dernières à leur centre commun. À
ce point de vue, l'organisation de la Science peut donc se comparer à l'organisation du corps humain, synthèse de tous
ses systèmes partiels et de tous ses rapports internes et
externes.

Les théories d'un petit nombre seulement de catégories
ont été exposées jusqu'à ce jour; la plus avancée est la *théorie
de la quantité* ou plutôt de l'*entièreté*, c'est-à-dire la *Mathématique*. Nous avons aussi quelques essais sur la *théorie
pure de la relation*. Au demeurant, il devait être impossible
jusqu'à présent de démêler et de poursuivre d'une manière
parfaitement systématique aucune science ayant trait à une
essence spéciale, parce que la théorie une, propre et entière
de l'essence, l'*organisme des catégories fondamentales* n'avait
encore été exposé dans tous les systèmes scientifiques que
sous une forme incomplète, défectueuse, et sans méthode
régulière.

*) De la *Mathesis* (80, note).

Chapitre IV.

Quatrième déduction partielle: Le développement de l'organisme de l'Être et le rapport de l'Être avec son organisme.

104. Après avoir, au cours de la troisième déduction, obtenu la vision harmonique de ce que l'Être est à et en soi, de son unité et de sa variété, on voit surgir le problème: *Examiner l'Être dans la particularité de son organisme et dans son rapport avec cet organisme.*

Théorème I.

105. Le premier théorème de cette quatrième déduction énonce la catégorie primitive qui résulte du fait que Dieu est l'organisme *un* de l'Être et de l'essence, à savoir celle de *l'identité de l'essence* de l'Être: *Dieu est en soi identique d'essence, même en tant qu'il offre intérieurement opposition et composition, variété et harmonie.*

Je désigne par *identique*, l'attribut des choses distinctes, d'après lequel elles ont la même essence ou, plus exactement, d'après lequel l'unité de l'essence y est la même, quelle qu'en soit la diversité. Ainsi l'identité exprime un rapport déterminé de deux termes, au moins, qui ont chacun leur propriété distincte, et, en les disant identiques, on pose que l'un est de même essence que l'autre, quelque opposés et divers qu'ils puissent d'ailleurs apparaître. Bref, l'identité, c'est l'unité et la propriété de l'essence inhérentes et subsistantes à sa variété.*) Il convient d'observer, dès à présent, qu'en ce sens l'identité ne peut exister sans la distinction, sans la différence, puisque l'identité est précisément l'unité de l'essence à des choses *distinctes*.

106. Justifions le contenu de ce théorème. L'Être est l'être (10); puis l'Être est essence (11), et l'Être, comme l'un seul et même être entier, est son essence une, propre et

---

*) Comme l'unité et la propriété de la substance persistent dans la variabilité des phénomènes.

entière, elle seulement et rien en dehors d'elle (12—57).
Puis, l'on a reconnu que l'essence de l'Être est, à son unité
et dans sa variété, un organisme; on a vu ensuite que
l'Être est aussi, en correspondance avec l'organisation de
l'essence, l'organisme des êtres, et, à la vérité, il est ces
deux organismes: d'abord, selon la position pure, antérieure
et supérieure à l'opposition, puis selon l'opposition et la
composition (57—103). Cela étant, puisque l'essence de l'Être
a unité, l'Être a aussi unité d'essence en tant qu'il se trouve
l'organisme varié et harmonique des êtres et des essences,
c'est-à-dire, d'après notre terminologie: l'Être, comme étant
intérieurement l'organisme des êtres et des essences, se trouve
identique d'essence, il est l'une seule et même identité entière
de l'essence.

Corollaire.

107. Puisque, d'après ce théorème, chaque catégorie
divine est identique à l'essence de Dieu, elle a aussi, comme
telle, toutes les catégories divines; en d'autres termes, *chaque
catégorie divine vaut de chacune, existe et s'applique à chacune,*
et cela, selon l'essence caractéristique de chacune. Et puisque la connaissance, en tant que vérité, est conforme à
l'essence de l'objet à connaître, on obtient immédiatement ici
le principe progressif — le *principe synthétique* — de la construction scientifique: *Chaque catégorie de l'Être doit être appliquée
à chacune* *); chaque attribut est un objet de la science et
se détermine par l'application de tous les autres.

---

*) L'intelligence n'a d'autre recours pour découvrir les vérités supra-
sensibles, indépendantes de l'expérience ou de l'observation, et
dont dépend, au contraire, l'interprétation de toute expérience,
que l'application des catégories les unes aux autres, ou, comme
l'on dit vulgairement, la combinaison des *idées* générales, éternelles
et immuables, que la raison universelle imprime dans tout esprit
humain. Nous voyons maintenant que les catégories sont légitimement reconnues comme les *lois de la pensée* et qu'elles possèdent
une valeur objective et universelle. Elles sont et se combinent
dans notre pensée comme elles sont et se combinent partout, en
vertu de l'identité de l'essence. C'est là le principe de la *méthode* comme topique logique ou comme instrument de la détermination régulière et complète de tous les objets.

108. De ce corollaire découle une série de propositions particulières que le lecteur développera sans peine et au sujet desquelles je me bornerai à donner quelques indications. Supposons, pour fixer les idées, que l'on envisage l'*entièreté*: on verra qu'elle est essence, qu'elle a une forme déterminée ou se pose avec une limitation donnée, qu'elle a donc son existence spéciale; puis, qu'elle a propriété et, dans son intérieur, oppositivité ou relativité; qu'elle a harmonie; et qu'elle continue ainsi à se déterminer d'après toutes les catégories rencontrées jusqu'ici. Si donc cette catégorie de l'entièreté et de la totalité doit être examinée dans une science particulière, que l'on nomme *Mathesis* ou *Mathématique*, elle devra l'être d'après tout le système des catégories, aussi d'après elle-même, d'après l'entièreté et la partibilité. Procédant de la sorte, on obtiendra la partie supérieure de la Mathématique, la véritable *Mathématique supérieure*, qu'il reste encore à édifier.

Si, ensuite, l'on considère la *propriété*, on observe qu'elle a également toutes les catégories divines: l'essence, la position et l'existence elle s'applique à elle-même, c'est-à-dire qu'elle est une catégorie de l'Être qui a aussi sa propriété. Pour développer, cette catégorie dans une science indépendante, dans la *théorie de la propriété et de la relativité* (la *théorie de la relation*), on devra encore procéder en suivant pas à pas le système des catégories. Ainsi, la propriété et la relativité doivent notamment être réenvisagées selon la propriété et la relativité, des rapports se trouvant de nouveau en relation mutuelle; fait dont nous avons rencontré un exemple instructif dans la troisième opération de la pensée (I, 285 et ss.). L'examen de la propriété de la propriété et de la relativité de la relativité forme déjà, à lui seul, un domaine de la connaissance d'une richesse et d'une profondeur infinie. Il embrasse, entre autres, la véritable théorie générale de l'identité de rapport ou de la *proportion*, puis la théorie des séries de rapports d'identité et la théorie des rapports d'identité de séries, c'est-à-dire la théorie des *progressions* et celle des *logarithmes* de tous genres. — Bien que cette science de la propriété et de la relativité, cette théorie scientifique des rapports qui sont entre les propriétés des choses, n'ait pas encore été généralement reconnue, il convient cependant de la signaler ici comme un problème à parfaire. Remarquons, à ce propos, que *Pythagore* déjà l'avait plus ou moins pressentie et que récemment plusieurs philosophes et mathématiciens allemands en ont saisi l'essence et l'autonomie, et se sont essayés à la constituer. Je citerai, parmi ces essais, la *Philosophie mathématique* de *Wagner*, et je renverrai aussi à mes propres travaux.*)

109. On voit maintenant le fruit qu'on peut tirer de ce corollaire résultant de l'identité de l'essence. Dans son application à tout l'organisme des catégories, il embrasse un système de sciences particulières, dont chacune est, de soi, infinie, et forme ainsi pour l'intelligence bornée un problème interminable.

Théorème II.

110. *Dieu, comme organisme de l'Être et comme étant en soi chaque être fini est semblable à soi-même; et, par suite, réciproquement, l'organisme de l'Être et chacun de ses êtres finis sont semblables à Dieu.*

Semblable marque un rapport déterminé de deux termes au moins, qui, d'après leur essence pure, une, propre et entière, sont de même, qui, de plus, présentent opposition, diversité et distinction à certain point de vue et en quelque qualité, mais se trouvent aussi identiques, *même en ce qui concerne l'essence propre originale et caractéristique de chacun.* Ainsi, par exemple, le mathématicien dit les déterminations de l'espace semblables entre elles, parce que et en tant que, nonobstant les caractères propres qui les distinguent, elles ont cependant aussi identité d'essence. Dans une signification plus spéciale, le géomètre, il est vrai, appelle *semblables* les figures de l'espace qui ne diffèrent que par la grandeur; mais, admettre que la distinction des choses semblables réside

---

*) V. Krause, *Philosophische Abhandlungen*, 1889, S. 290—303. *Malebranche* fait remarquer qu'on peut réduire tous les rapports à deux, savoir, à des rapports de *grandeur* et à des rapports de *qualité*, c'est-à-dire, plus rigoureusement, à des rapports d'*entièreté* et de *contenance* (de quantité et de capacité) et à des rapports de *propriété* et de *direction* (de qualité et de forme).

seulement dans la différence de grandeur, c'est restreindre arbitrairement la notion de la similitude: la *similitude*, en général, est l'identité de l'essence propre originale et caractéristique de deux ou plusieurs choses, qui s'opposent l'une à l'autre et se diversifient l'une de l'autre, mais qui reproduisent aussi dans leur originalité tous les attributs de leur essence pure commune.

111.   Etablissons l'objet de notre théorème: la *similitude interne de l'Être*. Dieu est en soi être d'opposition et être d'union, être varié et être harmonique, et, à la vérité, demeure sous ces deux aspects identique à soi-même (105), en sorte cependant qu'avec l'identité subsiste la variété, et à celle-ci la négation et la limitation; par suite, Dieu, dans sa diversité et dans son harmonie, est aussi identique à lui-même comme l'un et même être entier, selon son essence propre originale et caractéristique. Et, puisque l'identité de l'Être est propre et entière, c'est-à-dire absolue et infinie, cette remarque vaut de chaque être fini qui existe en Dieu et de chaque essence finie que Dieu est à soi, comme aussi de chaque essence finie que Dieu, comme être d'opposition et être d'union, a et contient ultérieurement en et sous soi. Par conséquent, chaque objet fini qui existe à ou dans l'Être est, à l'unité et dans la variété de son essence caractéristique, selon toutes les catégories divines, et d'une manière originale, mais finie, identique avec l'Être même, avec l'Être un, propre et entier. Or, avons-nous dit, les choses identiques l'une à l'autre, avec et dans l'essence propre qui les caractérise, s'appellent *semblables*. Le contenu de ce théorème est donc reconnu vrai pour l'Être, comme aussi, d'une manière finie, pour tout objet fini. Mais, Dieu même, comme l'Être un, se distingue de l'organisme des êtres et de l'organisme des essences en ce que, comme tel, il n'a, à l'unité de son essence, aucun caractère propre fini.

112.   Si, conformément à notre terminologie, l'on donne à l'essence *comme telle*, sans faire encore aucune distinction de ses déterminations ultérieures, le nom d'essence *pure*, on peut dire en ce sens précis: L'organisme de l'Être et chaque être fini, ainsi que chaque essence finie, sont, *d'après l'essence pure*, identiques à l'Être même. Identifier un être

fini, comme tel, avec Dieu considéré comme l'Être entier et avec Dieu en tant qu'Être suprême, faire usurper à un être fini la place de l'Être infini et souverain, c'est tomber dans l'erreur, car c'est nier l'unité de l'essence divine; mais la similitude avec Dieu appartient à tous les objets, même à ceux dont l'essence propre originale est complètement finie et déterminée, à tous les objets finis que nous puissions concevoir dans la Nature, dans l'Esprit, dans l'union de l'Esprit et de la Nature, et, en celle-ci, dans l'Humanité. La similitude divine se révèle aux astres comme à la goutte de pluie, qui se soutient et se concentre en soi-même et reproduit dans sa limpide clarté l'image fidèle du monde environnant et même de la structure des cieux. Chaque individualité est un centre où tout se rapporte, un point où l'univers entier se réfléchit, un monde en raccourci. Poussière solaire ou soleil, couronne de fleurs ou couronne d'étoiles — tout est un reflet de l'essence divine et manifeste les catégories de l'Être d'une manière propre originale, unique et singulière.

Théorème III.

113. Comme l'organisme des êtres est semblable à l'Être, ainsi *l'organisme des essences est, selon chacune des catégories particulières qu'il contient, semblable à l'essence une, propre et entière*; car, pour Dieu, l'Être et l'essence, Dieu et la divinité, existent en unité, sont indivis et équivalents. Puis, l'Être est en soi l'organisme de l'essence et chaque être fini se trouve, dans son essence propre caractéristique, semblable à l'Être même; dès lors, chaque être particulier est également, quant à l'organisme de son essence, d'une manière originale, semblable à l'organisme de l'essence de Dieu, et chaque catégorie, quelque spéciale qu'elle soit, est aussi, avec ses caractères propres finis, semblable à l'organisme même de l'essence. — Cette proposition concorde avec le corollaire précédent, d'après lequel le système des catégories s'applique, à son tour, à chaque catégorie, et conséquemment doit aussi être envisagé à ce point de vue.

Théorèmes IV et V.

114. Au théorème précédent se rattachent ceux qui concernent la *similitude de la forme ou de la position et de l'existence de l'Être*; puis, le même attribut subsiste aussi à la *forme de la position*, c'est-à-dire à l'*affirmativité* ou à l'*affirmation* (74). En effet, la position et la forme de la position, l'existence et l'organisme de l'existence sont adhérents à l'essence, et l'organisme interne de ces catégories est inhérent à l'organisme de l'essence; or, l'essence même étant selon tout son organisme semblable à soi, les catégories prémentionnées sont aussi semblables à elle.

115. Cette assertion se vérifie pour toutes les formes pures, par exemple, pour l'espace, le temps, le mouvement. — Ainsi, à la sphère se manifestent encore, d'après l'essence pure, toutes les catégories divines: l'essence, l'unité, la propriété et l'entièreté; puis aussi la similitude d'essence, et celle-ci, à vrai dire, purement et complètement, puisque toutes les subdivisions de la surface sphérique sont semblables entre elles, à cause de l'uniformité de la courbure. — De même, l'essence divine se révèle à la forme du temps, déjà même à la simple succession du temps comme succession harmonique, au rhythme du temps, qui, dans l'histoire de la vie ainsi que dans les arts de la musique et du mouvement, apparaît, avec sa beauté originale, comme un reflet de l'harmonie divine.

Théorème VI.

116. Par l'application de la catégorie de la similitude d'essence à l'organisme de l'Être et à celui de l'essence, on obtient le théorème suivant: *L'organisme de l'Être et l'organisme de l'essence sont, de rechef, dans chacun de leurs membres, des organismes particuliers subordonnés d'êtres et d'essences.* D'où l'identité descendante de rapport ou la proportionnalité, qui s'exprime: Comme l'Être est à son organisme, de même chaque membre de cet organisme du premier degré est à son organisme interne. Ainsi, de même que l'Être se comporte par rapport à soi comme Être suprême, Esprit, Nature et Être d'harmonie de l'Esprit et de la Nature, de même

chacun de ces quatre membres se comporte, à son tour, par
rapport à ce qu'il est en soi.

Le fondement de ce théorème réside dans la conception
de l'identité de l'essence de l'Être, où l'on voit que l'identité
une, propre et entière de cette essence emporte aussi l'identité d'essence à l'égard de tout l'organisme des êtres et des
essences. En admettant le contraire de ce théorème, l'intelligence nierait l'identité de l'essence à l'intérieur de l'Être,
ce qu'elle ne pourrait faire sans contradiction.

117. La forme que présente l'identité de rapport ou la
proportionnalité est celle de la *gradualité* ou de la *potentialité*
(gradualitas s. potentialitas), d'après laquelle le même rapport
d'inhérence se répète vers l'intérieur. Si donc, conformément
à cette terminologie, on nomme *membres graduels* ou *puissances*, les êtres et les essences, en tant qu'on les considère
comme les termes de la gradation et qu'on remplace l'*Être*
par l'*Absolu*, on dira que: *Tous les êtres sont des puissances
de l'Absolu et toutes les essences des puissances de l'Essence
absolue*; et l'on comprend alors la proposition: *L'Absolu est
en soi l'organisme de toutes ses puissances*. Je ferai remarquer que cette désignation des *degrés* ou des *rangs* par le
mot *puissances* n'a pas été proposée par moi, mais par
Schelling, qui l'a employée en ce sens, pour la première fois,
dans l'exposé primitif de son système, de même que je l'ai
adoptée dans mon *Esquisse du système de la philosophie*. Le
terme *puissance* ou *dignité* est emprunté de la théorie générale
de l'entièreté ou de l'Analyse mathématique, où il désigne
spécialement, d'après les mathématiciens grecs, un produit
de multiplication, mais signifiait aussi, dans son acception
première, la répétition d'un même rapport. Ainsi, par
exemple, si l'on prend une unité finie arbitraire et qu'on la
considère d'abord comme composée de deux membres égaux,
le second membre est formé d'après le rapport de 1 à $\frac{1}{2}$.

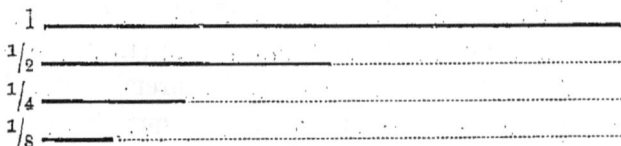

On nomme alors la quantité $\frac{1}{2}$ la première puissance négative. Si l'on répète encore une fois cette formation de rap-

port, on obtient comme terme de rapport $^1/_4$, et l'on a l'identité de rapport ou la proportion: $1 \,.\,.\, ^1/_2 = ^1/_2 \,.\,.\, ^1/_4$; c'est pourquoi l'on appelle la quantité $^1/_4$ la seconde puissance négative de ce rapport.

De ces considérations et de la circonstance que le terme *puissance* fait allusion à *pouvoir*, partant aux qualités de fondement et de cause, que le terme *dignité* rappelle l'éminence, la noblesse divine, ressort l'analogie qui a conduit à désigner par ces expressions les êtres et les essences comme les degrés internes successifs de l'Être et de l'Essence, de l'„échelle des êtres et des essences", et à dire que: *L'organisme des êtres et des essences, comme l'organisme graduel un, est le système un des puissances ou des dignités de l'Absolu.*

118. Ici se pose pour la science un problème important: Cette gradation descendante dans l'Être se poursuit-elle sans fin? Quelle loi divine fondamentale règle cette gradation des êtres et des essences? Problème que tous les systèmes connus de philosophie ont laissé sans solution, mais de la solution duquel le premier théorème de notre deuxième déduction établit le fondement, puisqu'il y a été montré que Dieu se trouve l'organisme de l'Être, et, à vrai dire, en unité d'essence, une seule fois.

Théorème VII.

119. Dans le second théorème de la troisième déduction, nous avons rencontré la catégorie de *fondement* (94). Si on la rapporte maintenant à l'Être en tant qu'il est en soi l'organisme des êtres et des essences, on obtient la vision de Dieu comme *cause* une ou *causalité*. — L'Être est en soi, dans sa variété, l'organisme des êtres et des essences, comme fondement de celui-ci; et, à la vérité, en sorte que cet organisme se trouve conforme à l'organisme un de l'essence divine que l'Être est à soi, à son unité, en d'autres termes, est déterminé semblablement à l'organisme de l'essence divine. Or, cette catégorie divine, d'être le *fondement déterminant* de l'organisme des êtres et de l'organisme des essences, s'exprime par le terme *causalité* (causalitas); et, par suite, ce théorème peut s'énoncer brièvement: *Dieu est l'une seule et*

même cause entière, et l'essence de Dieu est l'une seule et même causalité entière.

120. Développons le contenu de ce théorème. On pose que l'Être, comme un, propre et entier, est le fondement déterminant de tout ce qu'il est en soi, et cela en sorte que tout objet que le fondement détermine se trouve déterminé tel qu'il est, à sa manière propre caractérisée, identique, c'est-à-dire (111) semblable, à l'essence de l'Être. La vérité de cette proposition repose donc, en premier lieu, sur la notion déjà acquise, que l'Être est le fondement un, propre et entier; en second lieu, sur la conception que tout ce que l'Être est en soi lui est semblable, en d'autres termes, constitué selon l'essence divine (110). *)

Premier corollaire.

121. Appliquant la causalité divine à tout ce que l'Être contient, on voit que chaque objet déterminé, être fini ou essence finie, offre les particularités suivantes:

1º. Considéré selon son essence pure, il est propre, absolu: en tant qu'essentiel ou divin, en tant qu'il existe originairement, qu'il est simplement, il apparaît sans fondement ni cause, mais, au contraire, comme fondement et cause particulière; car, on a montré plus haut (105) que, selon l'essence pure, tout objet fini déterminé est identique à l'essence pure de l'Être, qu'on ne peut dire *causée* par Dieu, mais qui est, au contraire, la cause une et entière.

2º. Je n'affirme nullement par là que tout objet fini déterminé ne soit point, comme tel, fondé et causé en et par Dieu; car, d'après ce théorème, la détermination et la finité ont leur fondement et leur cause dans l'Être et par

---

*) Le rapport du monde à Dieu considéré comme cause se désigne communément par le mot de *création*. Si l'on entend par là que le monde est en Dieu, qu'il dépend de Dieu, qu'il a sa cause et sa condition en Dieu, la création est réelle et même éternelle, car jusqu'ici nous n'avons pas rencontré la catégorie du temps; mais si l'on entend par là que le monde a été fait de rien, qu'il est l'œuvre de la volonté temporaire et qu'il subsiste hors de Dieu, la création est contraire à l'infinité, à la plénitude, à la perfection et à tous les rapports essentiels de Dieu avec l'univers.

l'Être. Selon son essence propre caractéristique, en vertu
de laquelle il est précisément ce qu'il est, chaque objet se
trouve fondé et causé dans l'Être, par l'Être, avec la condition pourtant que son opposé y a aussi son fondement et
sa cause.

3°. Puisque chaque être fini et chaque essence finie
sont semblables à Dieu, ils sont aussi, comme Dieu, le fondement et la cause de leur intérieur, le fondement immédiat
de ce qu'ils sont à et en soi, et la cause immédiate de ce
qu'ils sont en soi, c'est-à-dire qu'ils déterminent tout leur
contenu selon toute leur essence.*) Mais, Dieu même est le
fondement et la cause de ce qu'ils se trouvent fondement
immédiat et cause immédiate de leur intérieur.

Deuxième corollaire.

122. Examinons la forme de la causalité de l'Être.
Cette causalité est l'une seule et même entière; en d'autres
termes, Dieu se détermine seul dans son intérieur conformément à son essence. Cette forme de la détermination de
soi, propre et entière, nous la nommons la *liberté.***) Par

---

*) Ce fait constitue le fondement objectif de la possibilité de la pre-
mière partie de la science humaine, de la partie analytique ascendante: comme les êtres finis et les essences finies existent, selon
l'essence pure, *de soi-même* et sans fondement occasionnel, sont
„*authentiques*", ils peuvent et doivent aussi, au cours de l'analyse,
être reconnus comme tels par l'intuition de l'intelligence finie,
abstraction faite de leur Principe ou de Dieu (I, 319).

**) Il importe de ne point confondre la *liberté* avec le *caprice*, le
bon plaisir ou l'*arbitraire*. Laisser une chose à l'arbitraire revient
à dire que l'on peut, sans préjudice, prendre la chose posée aussi
bien que la chose opposée; la chose ainsi dépend du bon plaisir.
L'arbitraire est donc l'option entre des choses indifférentes, le
pouvoir d'opter entre plusieurs partis sans motif essentiellement
déterminant. — La *liberté* aussi suppose un choix, mais non entre
des choses parfaitement égales; la liberté est la faculté de choisir
ce qui est de l'essence de la vie, ce qui se montre *bien*. Ce n'est
pas sur le mal ou sur le bien que le libre choix peut se porter;
ce choix se borne au bien et s'exerce entre tel et tel bien, car le
bien un comporte intérieurement variété et distinction, englobe des
biens particuliers (par quoi l'on n'entend point des choses bonne

conséquent, l'on peut encore énoncer cette vérité comme suit: *Dieu est la liberté, Dieu est absolument et infiniment libre.* Et, en vertu de leur similitude divine, les êtres finis qui existent en Dieu, la Nature, l'Esprit, l'Être d'union de l'Esprit et de la Nature, l'Humanité, et tous leurs êtres particuliers, ont aussi, pour forme de la propriété d'être fondement et cause de leur intérieur, la liberté relative, restreinte, qui, à dire vrai, est également, selon l'essence pure, une, propre et entière, bien que, sous divers aspects, finie et subordonnée à la liberté divine.

123. Il ne faut point perdre de vue que l'on reconnaît la liberté de Dieu comme la forme de l'une seule et même causalité divine entière, partant aussi, à l'égard du mode d'existence, avec son existence absolue et infinie. On ne songe nullement encore à l'antithèse des modalités du temporel et de l'éternel, ni à l'opposition du nécessaire, du possible et du réel; il n'est pas non plus spécialement question de la liberté temporelle infinie et absolue, avec laquelle Dieu forme la vie de l'univers. Nous ne considérerons que plus tard (Th. XIX.) la liberté sous ces points de vue subséquents, et c'est, du reste, tout à fait arbitrairement qu'on la réduit à la simple *forme de la causalité temporelle,* de la volonté et de l'activité qui se manifestent dans le temps.

Troisième corollaire.

124. L'élucidation de la catégorie de fondement, reconnue aussi comme causalité, nous aidera à préciser la catégorie de la *conditionnalité,* qui a déjà été déduite précédemment (96). Dans le rapport de conditionnalité, qui est ou un rapport de subordination ou un rapport de coordination ou un rapport de subcoordination, les deux membres de la condition se déterminent, grâce à leur identité selon l'essence

---

en partie, mais des choses d'essence aussi *purement* bonne les unes que les autres). L'être libre ne peut prendre le mal de préférence au bien, mais, pour faire choix entre deux biens, il doit discerner si l'un ou l'autre convient ou répugne à son individualité, et se déterminer ensuite en connaissance de cause. (*Krause,* Anfangsgründe der Erkenntnisslehre, 1892, S. 64.)

pure et à leur similitude avec l'Être, *mutuellement* et *réciproquement.* Cette détermination mutuelle apparaît, dans la conditionnalité de subordination, bilatérale, il est vrai, mais différente, puisque le terme supra-ordonné de la condition détermine le terme subordonné d'une manière autre que réciproquement le second ne détermine le premier. Dans la conditionnalité de coordination, par contre, la détermination réciproque des deux termes est, de part et d'autre, équivalente ou de même espèce.

Il ne faut confondre avec la condition ni le fondement, ni la cause. Comme il règne, dans le langage populaire aussi bien que dans la langue philosophique, beaucoup de confusion et de contradiction en ce qui concerne le sens des mots: *fondement* ou *raison, cause* et *condition,* il est indispensable de s'en tenir à leur véritable signification, sans avoir égard aux usages et aux corruptions de la langue vulgaire.

Quatrième corollaire.

125. Puisque tous les êtres et les essences sont semblables à Dieu, tant dans leur subordination que dans leur coordination, ils sont tous également semblables entre eux, d'abord selon leur essence pure, une, propre et entière, ensuite selon leur essence propre caractéristique, opposée et contrastante.

126. De là les conséquences suivantes:

1°. Les êtres finis et leurs essences sont semblables dans leur opposition subordonnée et dans leur opposition coordonnée, ce qu'on exprime en disant qu'ils ont *parallélisme d'essence.*

2°. Partant, ils se répondent dans leur subordination et leur coordination, ils ont entre eux une *correspondance* antérieure à leur union, ou, comme l'on dit, ils sont *en harmonie préétablie* (in prästabilirter Harmonie).

3°. Et, de plus, ils se trouvent donc appropriés et constitués pour l'union; les membres semblables de leur organisme sont destinés à *s'unir harmoniquement.* L'union harmonique, interne et externe, résulte de la causalité libre de Dieu, en sorte que chaque objet s'unit avec chaque autre, au sein de l'essence harmonique de l'Être, que tous les objets y sont *en harmonie coétablie* (in constabilirter Harmonie).*)

4º. Les trois rapports mutuels des objets finis, que nous venons de mentionner, peuvent être compris dans la proposition: Tous les êtres sont *en parenté* ou en *affinité* avec tous les êtres, et toutes les essences avec toutes les essences, selon le rang des êtres et des essences. Proposition qui s'applique aux rapports de la Nature avec l'Esprit, de la Nature et de l'Esprit avec l'Être suprême, de l'Humanité avec l'Esprit, la Nature et l'Être suprême.

Cinquième corollaire.

127. Rapportant la correspondance et l'harmonie à l'Être, on voit que Dieu est, dans son intérieur, en correspondance et en harmonie absolue et infinie avec soi-même; puis, chaque être fini, semblable à Dieu, est en correspondance et en harmonie relative et finie avec soi-même, avec tous les autres êtres finis, avec l'Être considéré comme suprême et avec l'Être envisagé comme l'Être entier; bref, *Dieu est l'harmonie une et parfaite*. Et, puisque cette correspondance et harmonie de l'Être se trouve, comme tout ce qu'il est, accueillie dans son intimité propre, et cela d'après tout l'organisme de celle-ci (36 et ss.), Dieu se sait et sent aussi comme la parfaite correspondance et harmonie, une, propre et entière; *Dieu est l'harmonie bienheureuse*, l'accord et l'unisson dans la béatitude, pour ainsi dire.

Théorème VIII.

128. Considérant la similitude de l'Être dans son rapport avec l'essence pure de l'Être, nous observons ce qui suit: L'Être, en tant qu'il est en soi l'organisme des êtres et des essences, se désigne ou se représente à soi-même être parfaitement semblable à soi, et, reproduisant l'essence pure de chaque chose qui existe en lui dans chacune des autres, désigne et rend présente chaque chose dans chaque autre. Puis, Dieu est aussi intime à soi, se sait et se sent, comme

---

*) Selon l'expression de *Swedenborg*.

être qui s'exprime en soi et pour soi, dans chaque être, essence et forme.*) — La *désignation* ou la *signification* est donc aussi une catégorie divine, laquelle se montre, à son tour, un organisme particulier.

129. Afin d'éclaircir cette idée énoncée d'une manière absolue, précisons la pensée du *signe* et de la *signification*. Ce qu'on nomme *signe* est une chose qui a de soi une essence propre, et qui, par ce qu'elle est en propre, rappelle une autre chose qu'elle n'est point, mais avec laquelle elle a similitude ou analogie. Par exemple, les mots du langage oral sont, de leur essence même, des vibrations spéciales de l'air ou de quelque autre corps élastique; ce n'est point toutefois de ce chef qu'ils constituent des signes, mais bien parce que l'on préconçoit qu'ils peuvent conjointement

www.ingramcontent.com/pod-product-compliance
Lightning Source LLC
Chambersburg PA
CBHW060632100426
42744CB00008B/1600